LOS ANIMALES

Protagonistas de nuestra Tierra

Regiones polares:

Un desierto habitado

EDICIONES RUEDA

C/ Los Mesejo, 11
28007 Madrid

Impresión y encuadernación: BROSMAC, S.L.
ISBN de la obra: 84-8447-255-8
ISBN del volumen: 84-8447-264-7
Depósito legal: M-11903-2004
Impreso en España/*Printed in Spain*

SUMARIO

El Ártico,
mundo del oso blanco

Focas, leones marinos, morsas y otros mamíferos marinos están perfectamente adaptados para vivir en las frías pero ricas aguas polares

Las costas que circundan la región ártica albergan una numerosísima población de aves marinas, como estos frailecillos.

La vida sobre los hielos flotantes

Situado en el extremo superior del hemisferio boreal, el océano Ártico se halla completamente rodeado de continentes, bañando las costas de Norteamérica, Europa y Asia. Sus 14 millones de kilómetros cuadrados de superficie separan las aguas del Atlántico y del Pacífico por su parte más septentrional. Concretamente, se unen al Atlántico por el estrecho de Davis y el amplio brazo de mar situado entre Groenlandia y Noruega, y al Pacífico

Cuando el mar se hiela, forma una superficie lisa donde sólo algunas porciones permanecen abiertas, permitiendo así la salida a los mamíferos marinos para respirar. Sin embargo, a veces se convierte en una trampa para los de mayor tamaño, como los cetáceos.

Uno de los mayores espectáculos que nos ofrece la naturaleza ártica son las auroras boreales, provocadas por las partículas de carga eléctrica procedentes del Sol al atravesar las capas superiores de la atmósfera.

A diferencia del Antártico, el Ártico es un mar que se hiela, por lo que su superficie es variable a lo largo del año, llegando a menudo a cubrir hasta las islas cercanas, que quedan abarcadas en la superficie helada.

Esta imagen compuesta nos muestra las distintas posiciones que va adoptando el Sol sobre el horizonte durante el verano ártico, en lo que se suele llamar el sol de medianoche.

por el estrecho de Bering. Muchos ríos de las tierras adyacentes desembocan en este océano, lo que hace que sus aguas sean menos saladas que las de otros mares.

Cuando en invierno, debido a la inclinación del eje de la Tierra respecto al Sol, los rayos de este astro inciden de una forma casi horizontal sobre este mar, apenas calentándolo, la superficie del agua se hiela, formando una gruesa capa blanca de 2-3 m de grosor, que en algunos puntos une las tierras de los tres continentes. Durante meses, la noche es la protagonista absoluta, durando prácticamente las 24 horas del día, siendo las auroras boreales las únicas fuentes de luz que se observan sobre el gélido cielo invernal.

En esta época, las condiciones climatológicas de la superficie son realmente duras e inhóspitas para la vida, con vientos muy fuertes y temperaturas que no superan los 50 °C bajo cero a lo largo de varias semanas. La vegetación, a diferencia de lo que sucede en la Antártida, no tiene aquí cabida, pues no hay suelo sobre el que enraizar. Pocos son también los animales capaces de sobrevivir en estas condiciones extremas, aunque escondidos en guaridas o protegidos con gruesas capas de grasa y de piel, algunos mamíferos han conseguido adaptarse a este entorno.

Bajo el hielo, el mundo submarino parece extrañamente estático. Mas, en contra de todas las apariencias, el Polar es uno de los mares más llenos de vida, un paraíso extraño y desconocido, casi mágico para quienes se atreven o pueden adentrarse en él. Así lo describen los aventureros que lo han desafiado. Una inmensa cadena montañosa submarina recorre los fondos creando corrientes que elevan las aguas cargadas de nutrientes del fondo. Los picos más elevados de esta cadena separan dos cuencas oceánicas, una situada en el Atlántico y la otra en el Pacífico, creando diferencias muy importantes entre ambas. La profundidad máxima del océano Glacial Ártico es de 570 m, aunque en sus límites las fosas pueden llegar hasta varios centenares más.

En el mes de febrero el Ártico comienza a despertar. Gracias a la inclinación del eje de rotación de la Tierra, los rayos solares empiezan a incidir de forma más perpendicular, transmitiendo su calor sobre los inmensos bloques de hielo, y el día empieza a alargarse. En marzo, todavía está helada la mayor parte de la superficie ártica, pero la llegada del verano se hace notar y se empiezan a abrir canales para que el mar penetre en el interior. Hacia el mes de junio los corredores líquidos son muy abundantes, permitiendo a la fauna marina penetrar hasta las áreas centrales del océano Ártico.

Junio, julio y agosto son los meses más prósperos. En ellos, la Tierra ha cambiado de posición respecto al Sol y el día se hace muy largo, durando prácticamente las 24 horas. La constante presencia de luz y la abundancia en nutrientes del agua hace que estos parajes sean muy ricos en plancton, que constituye la base de las cadenas tróficas marinas. Se inicia un período de máximo frenesí. Multitud de animales ha despertado de su letargo invernal y otros muchos inmigran desde latitudes inferiores buscando la inmensa riqueza alimenticia de estas aguas. Aves marinas, pinnípedos y carnívoros son los principales vertebrados que pueden observarse en la superficie. En el medio líquido, crustáceos, moluscos, así como larvas de otros grupos de invertebrados crecen formando inmensas nubes de las que se alimentan numerosos peces y cetáceos.

Cuando llega de nuevo el otoño, los días empiezan a acortarse otra vez y comienzan a congelarse las aguas más superficiales. Las capas de hielo formadas en la superficie van acumulándose formando una gruesa barrera, hasta que a finales de noviembre el océano Ártico vuelve a estar completamente recubierto por una impenetrable capa de hielo.

Los animales que no migran hacia las zonas más cálidas del sur, han de superar el desafío del frío invernal, tanto dentro como fuera del agua. No es un reto sencillo, por lo que son realmente pocas las especies que lo han logrado. Muy adaptados al medio, los animales del Ártico se caracterizan por presentar gruesas capas de grasa y densos pelajes que les permiten sobrevivir en las frías temperaturas.

Pero existen algunos lugares del océano Ártico con corrientes marinas tan potentes que la velocidad del agua impide la formación de una capa de hielo en la superficie, incluso en invierno. Este fenómeno suele tener lugar entre islas u otros accidentes geográficos submarinos. Son como oasis, donde se refugian muchos animales acuáticos que deben salir a respirar, por ejemplo, las morsas y las ballenas.

A veces, durante el otoño, la congelación del agua de la superficie es tan rápida que algunos mamíferos marinos quedan presos en uno de estos agujeros y no pueden salir pues morirían ahogados bajo la inmensa capa blanca. Los recursos alimentarios se agotan rápidamente, por lo que el animal atrapado debe vivir de sus reservas de grasa acumuladas durante el verano. En general, éstas son tan importantes que duran varios meses, pero no es raro que si la estación se prolonga algún tiempo más, el animal acabe pereciendo de inanición antes de llegar el salvador deshielo.

En un mundo en el que apenas crecen organismos vegetales, salvo algunas algas, las cadenas tróficas están formadas básicamente por depredadores. En este ecosistema, casi todos los animales son carnívoros y las presas dependen del tamaño del depredador, aunque existen importantes excepciones a esta regla, como los grandes cetáceos como las ballenas, que se alimentan de pequeños crustáceos de un tamaño desproporcionadamente inferior.

El pelaje de las jóvenes focas, totalmente blanco, es un camuflaje perfecto en el hielo, sobre el que quedan a la espera de que sus madres regresen para alimentarlas. Además, las aísla perfectamente del frío.

La vida submarina

◆ ◆ ◆ ◆ ◆

El medio líquido es el motor que impulsa la vida del Ártico. La escasa temperatura del agua en superficie de este océano hace que la columna de agua pueda mezclarse completamente, aflorando a las capas superficiales la totalidad de los nutrientes que quedan acumulados en las capas más profundas. La unión de nutrientes y luz permite una explosión del crecimiento de las algas microscópicas que son la base sobre la que se sustentan todos los organismos de este bioma. De ellas se alimentan los microvegetarianos, que a su vez constituyen alimento para depredadores también de muy escaso tamaño, y así paulatinamente hasta llegar a los mayores seres que pueblan este ecosistema.

El conjunto de los microorganismos acuáticos constituye un rico caldo de cultivo que permite la gran riqueza biológica del océano Glaciar Ártico. Peces, aves marinas, focas, cetáceos, todos necesitan de esta base para su propia supervivencia.

Existen corrientes submarinas que mezclan las aguas árticas con las de los océanos adyacentes. Las más importantes son la corriente de Groenlandia Oriental y la del Labrador, que salen del Ártico exportando sus aguas frías y más dulces hacia el Atlántico y que en época de deshielo empujan a multitud de icebergs hacia el sur, y la del Atlántico Norte, que corre en dirección contraria entre Islandia y Escocia, llevando las aguas calientes y más saladas desde ese océano hacia el Ártico. Las corrientes marinas son uno de los fenómenos más importantes en la vida de la mayoría de los animales que viven en el mar, ya que pueden ser arrastrados con ellas o beneficiarse de su presencia.

La ictiofauna ártica: un ejemplo de adaptación

Los peces presentes en el océano Ártico son muchos, pero exclusivos de este hábitat sólo existen unos cuantos. Son mayoritariamente visitantes en ciertas épocas del año, que acuden a estas aguas tan frías a alimentarse.

Los que han de permanecer de modo permanente en este medio, cuando en invierno toda la superficie se hiela, han desarrollado adaptaciones especiales para sobrevivir a las bajas temperaturas, modificando su fisiología. Una de las estrategias habituales es la de incluir en su sangre sustancias anticongelantes, que les permiten mantener unos niveles de actividad normales cuando el agua marina está próxima al punto de congelación que, dependiendo de las zonas y de la salinidad, puede ser de algún grado bajo cero.

Todos estos peces son un eslabón muy importante en este ecosistema, pues aprovechan los recursos disponibles y los transforman en proteínas animales que son la base de la subsistencia de otros muchos pobladores del Ártico, principalmente las focas, pero también aves marinas, orcas y otros peces de mayor tamaño.

La raya fillás

Uno de los pobladores habituales de los mares fríos del norte es la **raya fillás** o **raya redonda** (*Raja fyllae*). Es un habitante pelágico que suele nadar entre los 170 y los 2.000 m de profundidad, cerca de los fondos, en los mares del Atlántico septentrional, donde la temperatura del agua ronda los 4 °C.

El mar es la base de la existencia de los pobladores del Ártico, permitiéndoles desplazarse cuando se hiela su superficie y proporcionándoles alimento.

Las rayas presentan un aspecto característico que se adapta a su modo de vida, cercano al fondo, donde muchas de ellas se entierran.

Como todos los miembros de su familia, la de los Rávidos, presenta un cuerpo muy aplanado dorsiventralmente y las amplias aletas pectorales se unen al tronco formando una ancha estructura en forma de disco semitriangular y dividida en dos lóbulos, siendo el posterior mucho menor. El hocico es corto y de forma obtusa. La cola, de forma cónica y muy larga, sobresale por la parte posterior del cuerpo. La longitud total que alcanza el cuerpo es en este caso de unos 60 cm, por lo que estamos hablando de una especie mediana. Presenta dos aletas dorsales, de las cuales la primera se dispone más cerca de la punta de la cola que de las aletas pélvicas. La coloración general es parda grisácea por el dorso, moteada con pequeñas manchas oscuras en los costados, mientras que la zona ventral es blanca o gris clara.

Como los tiburones, con quienes están estrechamente emparentadas las rayas, presenta un esqueleto cartilaginoso. Las hendiduras branquiales y la boca se abren por la zona ventral, mientras que los ojos se sitúan en la dorsal. Justo detrás de los ojos se abre un par de espiráculos.

La estructura tan peculiar del cuerpo de las rayas hace que su forma de nadar también sea especial. Baten los costados del cuerpo como si de alas se trataran y el resultado es un verdadero «vuelo» submarino, deslizándose a menudo en largos planeos. La cola la mueven de un lado a otro, pero apenas contribuye a la propulsión, siendo su función más bien la de equilibrio y timón.

Se alimenta de todo tipo de animales invertebrados que captura sobre los fondos.

Durante la época de la reproducción la hembra deposita sobre los fondos arenosos o fangosos los huevos, que tienen forma de cápsula con los extremos anteriores alargados. Estas cápsulas miden unos 4 cm de longitud y 2,5 cm de anchura. Al cabo de unas semanas nacen las pequeñas rayas, que de una manera instintiva tienden a seguir cualquier objeto de grandes dimensiones que pase por sus proximidades.

El área de distribución de la raya fillás se extiende desde el golfo de Vizcaya por el este y las costas de Canadá por el oeste, hasta el océano Glacial Ártico.

La raya blanca

Pariente muy próximo de la raya fillás es la **raya blanca** (*Raja lintea*), también conocida como **raya vela**. Su tamaño es bastante superior, pues puede medir hasta 123 cm de longitud y pesar 11 kg. El hocico es alargado y puntiagudo. La superficie superior del cuerpo es de colorido grisáceo y tacto liso, presentando ligeras protuberancias en la cabeza y los márgenes corporales. La cola es espinosa por encima. La parte ventral del cuerpo es blanquecina, con bandas grises en la cola y laterales de la cloaca.

Habita entre los 150 y los 650 m de profundidad, en la zona norte del Atlántico y en el océano Ártico, donde se alimenta de todo tipo de animales bentónicos. Al igual que la raya fillás, las hembras hacen la puesta en los fondos, tanto de arena como de lodo. Los huevos tienen forma de cápsula, aunque pueden distinguirse por su mayor tamaño, unos 10,5 cm de longitud por 7,5 de anchura.

Las costas que circundan la región ártica albergan durante la época cálida grandes cantidades de alevines de especies de mar abierto.

Un pez de aguas abiertas

El **capellín** (*Mallotus villosus*) es un pez de la familia de los Osméridos presente en las aguas polares del Ártico, así como en el norte del Atlántico y en el Pacífico. Es pequeño o mediano, pues los machos no superan los 20 cm, mientras que las hembras, algo mayores, pueden alcanzar los 25 cm. Su cuerpo es fusiforme, muy alargado, con una aleta dorsal situada en una posición muy atrasada, una ventral y una anal también muy posterior y un par de aletas pectorales. La aleta caudal es homocerca.

La cabeza, relativamente grande, presenta una boca en posición súpera, o sea que la mandíbula inferior sobresale por delante de la superior. Los ojos, redondos y grandes, están situados a ambos lados de la cabeza. La coloración es verde olivácea en la parte dorsal, mientras que en la ventral es plateada. El cambio de un color a otro en los flancos se realiza paulatinamente.

Es de hábitos pelágicos, o sea que vive en aguas abiertas, entre la superficie y los 300 m de profundidad donde forma densos bancos, aunque es muy posible que baje hasta profundidades que superan los 700 m. Su dieta se basa en invertebrados de la columna de agua: crustáceos, copépodos, anfípodos y larvas. En ocasiones también ingiere peces muy pequeños.

Cuando llega la época de la reproducción, miles de estos peces se acercan hasta las zonas costeras para desovar, e incluso a veces se introducen hacia el interior de la desembocadura de los ríos y penetran también en zonas de aguas dulces. Primero llegan los machos, seguidos más tarde de las hembras. Cada hembra pone entre 6.000 y 12.000 huevos de consistencia pegajosa. La edad máxima conocida para estos peces es de 5 años.

La argentina

Otro poblador habitual de aguas árticas es la **argentina mayor** (*Argentina silus*), también conocida como **argentina atlántica**. Es un pez de mediano tamaño y cuerpo muy alargado, que aunque puede llegar a alcanzar los 60 cm de longitud, no suele pasar de los 50 cm. Presenta dos aletas dorsales, una en la parte anterior del cuerpo, alta y estrecha, y otra muy pequeña, adiposa, situada junto a la cola. La aleta ventral se sitúa en la zona medial, mientras que la anal se encuentra en una posición muy posterior, también casi tocando a la cola.

La cabeza acaba en punta y presenta dos grandes ojos redondos, situados a ambos lados. Las aletas pectorales están en una posición relativamente posterior. La coloración del cuerpo es plateada con irisaciones verdes, amarillas y pardas por la parte dorsal, mientras que el vientre es blanquecino. La aleta dorsal adiposa es amarillenta. Sus escamas son muy finas y delicadas, y caen muy fácilmente cuando este pez es capturado y sacado del agua.

Vive en aguas abiertas, entre los 50 y los 600 m de profundidad, donde forma densos bancos. En ocasiones, los ejemplares adultos pueden descender hasta los 1.400 m de profundidad. Pero, en general los alevines y los individuos jóvenes prefieren las aguas más someras, mientras que los más añosos se dirigen preferentemente hacia las profundidades. Según parece, las argentinas mayores pueden vivir hasta casi 30 años.

Es una especie depredadora, que se alimenta de otros peces, de calamares, crustáceos y medusas.

La época de reproducción es la primavera, en marzo o abril. Las hembras ponen unos 40.000 huevos cada una de entre 3 y 3,5 mm de diámetro. La puesta tiene una consistencia oleosa y queda suspendida en la columna de agua. La madurez sexual se alcanza al cuarto año de vida.

Es una especie propia del océano Ártico y del norte del Atlántico, bajando hasta la altura del mar del Labrador y siendo muy frecuente en el estrecho de Davis.

Un pez de los fondos rocosos

El **carbonero** (*Pollachius virens*) es un pez de cuerpo alargado, en cuyo perfil pueden apreciarse tres aletas dorsales y dos anales. Visto de perfil, la primera de las anales se sitúa a una altura entre la primera dorsal y la segunda. Su tamaño puede alcanzar hasta 1,3 m de longitud, si bien, lo habitual es que los ejemplares midan entre 70 y 80 cm. La coloración es plateada verdosa o pardusca, más clara por la zona dorsal, pudiéndose apreciar fácilmente una línea lateral de color claro. La cabeza finaliza en punta y la boca está formada por dos mandíbulas de igual tamaño.

El carbonero, que pertenece a la familia de los Gádidos, que comprende entre otras especies el bacalao, basa su dieta en peces pequeños, aunque cuando es joven y no tan fuerte y hábil captura crustáceos para sustentarse.

Es una especie muy común en el Atlántico Norte oriental, si bien puede aparecer en áreas adyacentes, entre las cuales se encuentra el Ártico. Vive preferentemente en áreas de fondo rocoso, entre la superficie y los 250 m de profundidad.

Un pez sin escamas

La **gonela** o **pez mantequilla** (*Pholis gunnellus*) es una especie muy típica de las aguas boreales atlánticas. Habita en zonas costeras de poca profundidad en un amplio espectro de hábitats, aunque, como la anterior, es más habitual en los fondos rocosos, donde se refugia en cavidades de las rocas. En verano se retira a áreas más profundas para evitar el calor de los rayos solares.

Su cuerpo es muy alargado, serpentiforme y algo aplanado lateralmente, de entre 17 y 25 cm de longitud. El

Uno de los muchos peces que surcan las aguas árticas, aunque se le encuentre también en zonas más meridionales, es el carbonero, un pariente del bacalao que se alimenta de peces más pequeños que él.

Los fondos rocosos, generalmente a poca profundidad, son el hábitat elegido por el pez mantequilla en las costas que circundan el Ártico, aunque en verano se traslada a aguas más profundas. Allí encuentra los crustáceos y otros invertebrados marinos de los que se alimenta.

nombre de pez mantequilla le viene de que su piel carece de escamas y está cubierta de una mucosidad que lo hace muy resbaladizo y, por tanto, difícil de coger. La coloración es parda amarillenta, moteada con pequeñas manchas de tono castaño oscuro y, a lo largo del dorso, con entre 9 y 15 ocelos también castaños, bordeados por una aureola blanca. Entre el ojo y las comisuras labiales existe una línea oscura. La aleta dorsal es muy alargada y recorre prácticamente todo el cuerpo.

Su dieta se basa fundamentalmente en invertebrados marinos, larvas, gusanos y crustáceos pequeños, como anfípodos y cangrejos ermitaños.

La época de la reproducción de esta especie tiene lugar a finales de invierno o principios de primavera. Los huevos son puestos a una profundidad de unos 25 m, en un agujero de la roca o en el interior de alguna concha, en un número que oscila entre 80 y 200 por hembra. Los machos se encargan de su cuidado y, sobre todo, de su defensa.

Una especie de crecimiento lento

La **gallineta nórdica** (*Sebastes marinus*) es un pez de gran tamaño, ya que puede medir hasta 1 m de longitud y pesar hasta 15 kg. Su cuerpo es ovalado y aplanado lateralmente. La cabeza presenta una boca ligeramente súpera, de modo que la mandíbula inferior sobresale por delante de la superior. Los ojos son grandes y conspicuos de una tonalidad verdosa. Presenta dos aletas dorsales, unidas entre sí y la coloración es rosada por la zona dorsal y blanquecina por la ventral.

Habita en áreas profundas, entre los 100 y los 1.000 m de los fondos, sobre la plataforma continental del norte del océano Atlántico, océano Glacial Ártico y mares adyacentes. En algunas oportunidades se han capturado ejemplares hasta los 4.000 m de profundidad. Es una especie de hábitos pelágicos, pues nada en aguas abiertas, y se agrupa en grandes bancos.

La reproducción tiene lugar entre los meses de agosto y octubre. Los machos y las hembras copulan entre ellos y los huevos fecundados permanecen en el interior del cuerpo de las hembras, que de esta forma evitan ser devorados o que se estropeen a causa de unas condiciones adversas. La eclosión se produce en invierno en el interior del cuerpo de la madre (por tanto, son vivíparos). Cada hembra da a luz entre 50.000 y 350.000 pequeñas larvas de unos 8 mm de longitud.

Las larvas son de hábitos pelágicos y pasan por varias fases antes de convertirse en adultas. La mortandad de la fase larvaria es elevadísima, llegando hasta edades adultas un pequeño porcentaje del total de los individuos nacidos. Los jóvenes prefieren refugiarse en el interior de bahías y fiordos, y a medida que crecen van adentrándose en el mar abierto. La gallineta nórdica es una especie de crecimiento lento que puede vivir hasta 60 años.

La gallineta nórdica prefiere las profundidades, y la encontramos desde la plataforma continental hasta 4.000 m.

El perro del norte

En los fondos de las regiones costeras del norte del Atlántico y de las tierras que circundan el océano Glacial Ártico vive el **perro del norte** (*Anarhichas lupus*), un pez de gran tamaño, que puede llegar a medir 1,5 m de longitud y pesar hasta 24 kg de peso. Pertenece a la familia de los Anarhicádidos.

Es de costumbres solitarias y vive muy cerca del sustrato, entre 1 y 500 m de profundidad, en general sobre fondos rocosos, aunque a veces se le encuentra también en zonas de lodo o de arena. Su coloración es críptica, con predominio de las tonalidades pardas, rojizas, verdosas, grisáceas y negras que le permiten confundirse entre las rocas donde normalmente se halla. Las zonas laterales presentan una serie de entre 10 y 15 bandas transversales oscuras.

Se alimenta de crustáceos que viven en el fondo, como cangrejos, langostas, etc., aunque también de erizos de mar y otros equinodermos.

El colorido críptico del perro del norte le permite confundirse perfectamente con las rocas del fondo entre las que habita. Allí captura cangrejos, langostas y otros crustáceos, así como erizos y estrellas de mar.

Una fauna en gran parte desconocida

◆ ◆ ◆ ◆ ◆

El mundo submarino ártico es uno de los lugares más ricos en Invertebrados del mundo, pero es poco conocido, debido a lo difícil de su estudio y a que los invertebrados de estas frías aguas son mayoritariamente microscópicos o de muy escaso tamaño, y habitan sobre todo en la columna de agua libre.

Los Crustáceos son el grupo más importante de los animales invertebrados que pululan por este medio de condiciones tan particulares. Incluyen muchos subgrupos, entre los que se encuentran los copépodos, los eucáridos, peracáridos, etc., que son los principales que podemos encontrarnos en estas frías aguas. Todos ellos se alimentan de fitoplancton y elementos nutritivos disueltos en el agua y, a su vez, constituyen uno de los primeros eslabones de la cadena trófica del Ártico y del mar en general.

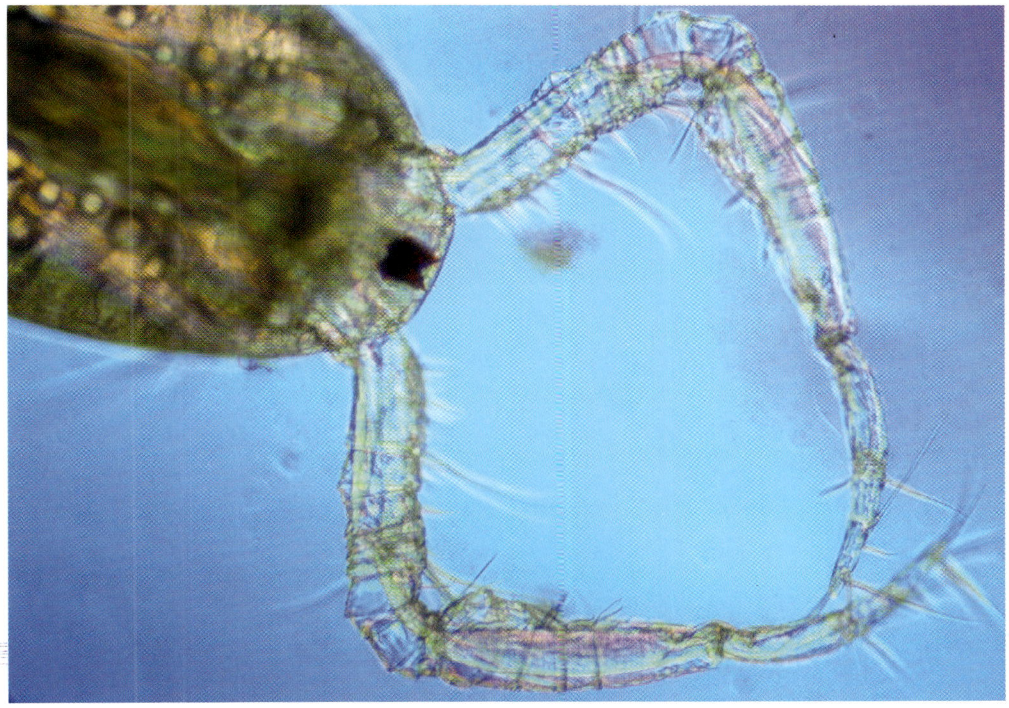

Los copépodos son algunos de los componentes de la fauna marina más abundantes, pero, al mismo tiempo, prácticamente desconocidos por el gran público.

Pertenecen al gran grupo de los Artrópodos, que se caracterizan por presentar el cuerpo segmentado y un par de apéndices por cada segmento. Estos apéndices, con la evolución han podido desaparecer o especializarse en ciertas funciones vitales, como el desplazamiento (patas, palas natatorias, etc.), sensoriales (antenas, etc.), de alimentación (mandíbulas, etc.), de respiración (branquias), de reproducción (órganos copuladores), etc. En el cuerpo pueden diferenciarse tres regiones, la de la cabeza, la del tórax y la de la cola. El número de segmentos por región y de apéndices por segmento y su forma son características determinantes para la clasificación de los crustáceos, que es una ardua tarea que sólo algunos expertos pueden presumir de saber hacer. Pero las especies más abundantes son fáciles de reconocer

Este copépodo es un pequeño crustáceo muy característico que forma parte del plancton marino. A pesar de sus reducidas dimensiones, gracias a su gran capacidad reproductora forma enormes masas que sirven de alimento a multitud de animales. Es un elemento esencial de la cadena trófica.

como crustáceos por una persona no versada.

Su cuerpo está recubierto por un tegumento de quitina, más o menos duro y calcificado. En las especies de pequeño tamaño, como la mayoría de las que se encuentran en estas agua árticas, suele ser muy fino y blando. Estos crustáceos respiran mediante branquias y suelen reproducirse sexualmente, existiendo machos y hembras (aunque en esta cuestión existen muchas variantes). También por norma general, aunque no única, presentan un desarrollo postembrionario (después de salir del huevo) indirecto, de modo que pasan por diferentes fases larvarias antes de adquirir el cuerpo de un adulto.

Los **copépodos** son crustáceos muy pequeños cuyo cuerpo está formado por una parte anterior muy ancha y abombada, dotada de largas antenas y una parte posterior estrecha, bifurcada en su extremo posterior. Muy a menudo sus cutículas presentan ceras que les confieren tonalidades rojizas o azuladas y que les ayudan a permanecer flotando en la columna de agua, que les sirven de reservas corporales y que resultan muy útiles para protegerse contra el exceso de radiaciones ultravioletas. Cuando existe una gran proliferación de estos organismos, el mar puede verse teñido de estas tonalidades. Son uno de los componentes más importantes del zooplancton del mar.

Otro grupo de crustáceos con una gran representación en aguas árticas son los **eucáridos**, de los cuales existen dos grupos principales: los **eufasianos**, formadores del krill, y los **decápodos**, conocidos comúnmente como gambas, cangrejos y afines. En general forman grandes bancos que constituyen una de las principales fuentes de alimentación para organismos superiores.

Los eufasianos muchas veces presentan órganos luminiscentes en la piel que se activan con el contacto físico, de manera que en ciertos lugares donde son muy abundantes, el choque de un barco contra sus cuerpos produce una estela luminosa muy bonita.

La especie *Thysanoessa inermis* es un eufasiano que habita sobre todo en los frentes de los glaciares, donde las aguas dulces y frías, llenas de minerales, aportadas por el glaciar se encuentran con las saladas y algo más cálidas del mar provocando un cóctel de nutrientes que contribuye a un importante crecimiento de este crustáceo. A su vez, él constituye una importante fuente de alimentación para numerosos animales superiores, creándose comunidades muy ricas. Como los demás representantes de su grupo, tiene el cuerpo muy parecido al de una gamba, pero menor.

Los **anfípodos** son otro de los grupos de crustáceos más numerosos en alta mar. Pertenecen al gran grupo de los Peracáridos. Son de tamaño casi microscópico, entre 3 y 12 mm de longitud (existiendo excepciones de hasta 140 mm), y presentan un cuerpo que recuerda el de una gamba, pero que es comprimido lateralmente y carece del caparazón cefálico de ésta. Presentan unas larguísimas antenas en la parte anterior del cuerpo. Los ojos se disponen directamente sobre la cabeza, sin la presencia de pedúnculos. En general, pasan la noche en aguas superficiales, donde encuentran abundante alimento, mientras que de día migran hacia las profundidades, buscando el refugio de la oscuridad.

Al grupo de los Peracáridos pertenecen asimismo los **mísidos**. También presentan forma de gamba, pero en este caso sí que existe caparazón cefálico. Los ojos son pedunculados. Su tamaño es también muy reducido, pues apenas superan los 25 mm de longitud (aunque existen excepciones de hasta 350 mm).

Igualmente flotando en la columna de agua y dejándose llevar por las corrientes, existen innumerables tipos de larvas. Se trata de animales en sus primeras fases de desarrollo, que aún no han adquirido el aspecto de un adulto y que a lo largo de su crecimiento van sufriendo transformaciones hasta obtener el aspecto definitivo de sus progenitores. Muchas de estas larvas corresponden a animales bentónicos, que viven fijos sobre el sustrato, como pueden ser erizos de mar, estrellas de mar, etc., y que experimentan una fase de larva libre en su ciclo vital.

Los glaciares, aparentemente desprovistos de vida, albergan en su interior diversos organismos que se han adaptado a la vida permanente en el hielo. Entre ellos se cuentan algunas especies de eufasianos, diminutos crustáceos, que en otros lugares forman parte del plancton.

Las aves del Ártico

◆ ◆ ◆ ◆ ◆

Las condiciones de vida del Ártico se asemejan mucho a las del Antártico, pero el hecho de encontrarse a tanta distancia entre sí ha hecho que las especies de aves que habitan en ambos sistemas sean homólogas en cuanto a formas y biología, pero pertenecientes a diferentes grupos sistemáticos. Existen excepciones al respecto, como los fulmares y el págalo grande, que son de distribución bipolar.

Existen pocas especies capaces de adaptarse a las dificultades de un clima tan riguroso como el que impera en esta región del globo, por lo que la diversidad de aves es pequeña en comparación con la de otros ecosistemas del mundo. Pero las poblaciones de cada una de estas especies son enormes, estando formadas por miles y en ocasiones millones de ejemplares. En general, las aves presentes en el océano Glacial Ártico no son exclusivas de este ecosistema, sino que tienen una distribución circumboreal.

Uno de los grupos más bien representados es el de los álcidos, con varias especies de araos, alcas y mérgulos. Los representantes de este grupo son aves de un tamaño bastante imponente y muy buenas nadadoras. Al igual que los pájaros bobos, son poco hábiles al desplazarse en tierra firme, andando torpemente y a poca velocidad. Otros grupos importantes son el de los frailecillos y el de los láridos, conocidos comúnmente como gaviotas.

Como sucede con la inmensa mayoría de los animales que viven en estás latitudes del planeta, las aves del Ártico extraen del mar todos los recursos alimenticios que necesitan. Suelen ser gregarias y forman a menudo inmensas colonias en puntos concretos, generalmente islas, playas y acantilados, e incluso a veces sobre la misma capa de hielo, aunque esto último no es tan habitual. En general se trata de aves migratorias que pasan la época favorable en estas latitudes, mientras que en invierno se dirigen a áreas más meridionales huyendo de las inclemencias del invierno ártico.

Aves con aspecto de pájaro bobo en el polo norte

Entre las múltiples especies de aves que visitan cada año la zona del Ártico durante los meses estivales está el **arao de Brünnich** (*Uria lormvia*). Su aspecto es muy similar al de los pájaros bobos del polo sur, pues presentan un cuerpo rechoncho, una cola corta, las alas estrechas y una coloración blanca en la zona ventral e inferior de las alas y negra en el resto del cuerpo. La diferencia más grande es que los araos todavía conservan la capacidad de volar. Las patas presentan membranas interdigitales propias de las especies de aves acuáticas. El pico es corto y grueso, con una línea blancuzca en la región de las comisuras bucales.

Se alimentan de peces que capturan dentro del agua. Nadan flotando en la superficie, con la cabeza introducida buscando una posible presa, y cuando la ven, se sumergen, llegando en ocasiones hasta unos 50 m de profundidad. Son capaces de realizar un extraordinario «vuelo» submarino, utilizando las alas y los pies para avanzar y capturar a sus presas.

Anidan en acantilados rocosos, de Islandia y costas de Noruega, donde los huevos y polluelos están a salvo de osos polares y zorros árticos. Se unen en colonias muy densas, de modo que de lejos pueden llegar a recordar una colmena. Cada hembra pone uno o dos huevos y los polluelos al nacer presentan un aspecto similar al de los adultos, pero de menor tamaño.

El plumaje de invierno es distinto al de verano. Durante los meses fríos el área blanca ventral se extiende hacia la zona inferior del cuello y se eleva por los costados, mientras que en verano la cabeza y las partes laterales del cuerpo son completamente negras.

Una especie de negro aspecto

El **arao común** (*Uria aalge*) es muy similar al anterior, alcanza más o menos el mismo tamaño y presenta una coloración muy oscura, casi negra por la zona dorsal y blanca por la ventral. La cabeza es oscura, incluido el pico, muy largo y puntiagudo. Sólo en los ejemplares adultos se presenta una fina raya blanca que rodea el ojo y que se extiende desde la parte posterior del mismo hacia atrás. Cuando los ejemplares tienen esta característica reciben el nombre de «bridados». Se alimentan fundamentalmente de peces.

Instalan sus colonias de cría en acantilados litorales, si bien anidan sobre el suelo sin buscar un lugar especialmente abrigado. Cada hembra pone un único huevo que tiene forma cónica, de manera que se evita que pueda rodar pendiente abajo y acabe estrellándose. Además, la cáscara es gruesa, para evitar el enfriamiento que produce el contacto con el suelo. Cada huevo presenta unas características propias que permiten a los progenitores reconocerlo entre el barullo que se forma en la colonia. Una vez nacido el pollo, éste emite unos chillidos que también son reconocibles de forma individual por los padres. Al cabo de unos días de haber nacido, el pequeño, que todavía no sabe volar, se tira al mar y allí su padre lo conduce hasta aguas abiertas.

Su área de distribución se limita a las costas árticas y septentrionales del Atlántico, llegando hasta las costas del norte de la península Ibérica.

Las alcas son muy parecidas a los araos, aunque de aspecto algo más robusto a causa del cuello, más corto.

Los araos recuerdan algo a los pájaros bobos en su aspecto general, pero son aves voladoras. No obstante, son también excelentes buceadores, que llegan hasta profundidades de 50 m cuando persiguen a un pez, desplazándose por el agua como si volaran.

El menor de los araos

El **arao aliblanco** (*Cepphus grylle*) es de tamaño algo menor que los anteriores, pues no alcanza más de 33 cm de longitud. El plumaje de verano, que es cuando se encuentra en aguas árticas, es casi completamente negro, con una mancha blanca ovalada en las alas. En invierno el plumaje se torna mucho más claro, blanco por la zona ventral y pardo grisáceo en la dorsal. Las patas y los pies son de tonalidad anaranjada muy viva, casi roja. Como en todos los representantes de los Álcidos, familia a la que pertenece, presenta los dedos unidos entre sí por membranas interdigitales.

El arao aliblanco se alimenta principalmente de peces, como el que acaba de capturar este ejemplar, aunque también consume moluscos.

Se alimenta fundamentalmente de peces, aunque los moluscos pelágicos son una parte importante de su dieta.

Se establece en costas rocosas, donde aprovecha grietas y oquedades entre las rocas para instalar su nido.

Esta especie está mucho menos extendida que las dos anteriores, y se halla en las costas del norte de Europa, América y Siberia, existiendo importantes poblaciones en Groenlandia. El arao aliblanco es una de las aves que llega más temprano a las aguas árticas, pues se le puede encontrar allí a principios de primavera. Cuando llega el invierno, emigra hacia tierras más cálidas del sur.

Un perfil inconfundible

El **alca común** (*Alca torda*) es un pariente cercano de los araos y su apariencia física es muy similar, aunque más robusta debido a que el cuello es más corto y ancho. El cuerpo es también algo más alto, aunque de mayor anchura. Su tamaño es mediano, alcanzando hasta 38 cm de longitud. Las patas, situadas en una posición muy posterior con respecto al eje del cuerpo, hacen que estas aves adopten una postura más o menos erecta cuando se hallan en tierra firme.

La coloración es blanca por la zona ventral y negra azabache por la dorsal y por la cabeza. La librea es distinta en verano y en invierno, con más superficie negra en el primer caso y menos en el segundo. El pico es ancho y aplanado lateralmente, de color negro con varias franjas blancas transversales en la punta, lo que le diferencia claramente de los araos.

El alca común es buena voladora y buena nadadora, y se alimenta casi exclusivamente de peces que captura dentro del agua.

Habita en alta mar, salvo en la época de la reproducción. Entonces se acerca a áreas rocosas y acantilados de pendiente suave del litoral, donde forma grandes colonias, si bien menores que las del arao común. Las hembras ponen un solo huevo directamente sobre el suelo.

Esta especie se halla distribuida por aguas árticas, así como en áreas mucho más meridionales, incluido el mar Mediterráneo.

Pequeñas y rechonchas aves

El **mérgulo marino** (*Alle alle*) es otro de los representantes de la familia de los Álcidos que habita el área ártica, donde es muy abundante. Durante el invierno es completamente pelágico, pero en verano, durante la época de cría, se acerca a las áreas costeras y a otras zonas más interiores, ocupando las laderas de las montañas.

El pico de las alcas aparece aplanado lateralmente y son características las franjas de distintos colores que presentan en el extremo, a menudo con líneas blancas que llegan hasta los ojos, dependiendo de cada especie.

Aquí podemos ver el cortejo de dos mérgulos. Estas aves marinas son parientes de las alcas y muy abundantes en las aguas árticas. Para pescar nadan semisumergidos, siendo el krill el principal componente de su dieta, que capturan en alta mar.

El cuerpo es mucho más rechoncho que el de los araos y las alcas, y aunque presenta un cuello bastante largo, parece que lo tenga muy corto pues lo coloca retraído, hasta el punto que apenas se le puede diferenciar. Es de menor tamaño que sus parientes, pues no supera los 20 cm de longitud. Las patas también se hallan en una posición muy posterior del cuerpo y los dedos presentan membranas interdigitales. El pico es corto y grueso, siendo ésta la mejor característica para reconocerlo. La coloración es blanca por la parte ventral y negra por la dorsal, incluida toda la cabeza y cuello en verano, mientras que en invierno sólo presenta esta coloración la parte más superior de la cabeza y un collar que rodea el cuello, quedando la garganta blanca.

Se alimenta principalmente de crustáceos pelágicos, de krill, que captura en alta mar y que almacena en el saco gular. Cuando pesca, nada semisumergido, con la cabeza muy baja, pero si se encuentra descansando, lo hace con la cabeza retraída y la cola en punta hacia arriba, flotando la mayor parte del cuerpo de manera que puede verse la parte blanquecina del vientre. Cuando se dirige mar adentro, vuela en bandadas a gran altura, pero al volver hacia tierra, lo hace a poca distancia de la superficie marina, también en grandes bandadas y con un vuelo ondulante.

Anida en grietas de acantilados y en laderas de las montañas del interior, donde se agrupa en colonias muy numerosas. En estos lugares existe tal número de efectivos, que los ejemplares en vuelo vistos de lejos recuerdan un denso enjambre de mosquitos. Las hembras ponen los huevos en el interior de una madriguera.

Otras especies de mérgulos presentes en zonas árticas son las de los géneros *Plautus*, *Aethia* y *Synthliborhamphus*.

Un llamativo poblador de aguas árticas

El **frailecillo común** (*Fratercula arctica*) es una de las aves más fáciles de distinguir del grupo de los Álcidos que pueblan el Ártico. De cuerpo rechoncho, de hasta 30 cm de longitud, con la cola corta, el vientre blanco y el dorso negro y unas patas de intenso color anaranjado, situadas en un punto muy posterior del cuerpo que les permite adoptar una postura casi erguida cuando se encuentran en tierra firme.

Pero lo que distingue fácilmente al frailecillo es la cabeza. Grande y redonda, presenta dos amplios discos blanquecinos y algo ovalados en cada una de las mejillas, que van desde el pico hasta el cogote. En invierno estas manchas faciales se oscurecen. Los ojos, de pequeño tamaño, presentan un aura muy delgada negra que los rodea y de la parte posterior de los mismos surge una fina línea negra que se dirige hacia atrás. El pico es ancho y alto, aplanado lateralmente y presenta una coloración muy especial, con bandas naranjas y blancas y una negra o gris oscura en la base, de manera que es muy vistoso a gran distancia. Este pico va ensanchándose durante el año y a finales del mismo se desprenden las capas superficiales, de modo que vuelve a quedar más estrecho en otoño.

El invierno lo pasa en alta mar, a muchos kilómetros de las costas, donde se alimenta de peces y a veces de anélidos pelágicos. Puede descansar flotando sobre el agua. En verano se dirige hacia la costa, en islas y playas rocosas, donde se encuentran miles de individuos para formar inmensas colonias nidificadoras. El vuelo lo realizan en grupos poco numerosos y en fila india a poca distancia de la superficie marina.

Anidan en galerías excavadas por ellos mismos con el pico o aprovechadas de otros animales como los roedores. Estas cavidades suelen llegar a 2-3 m de profundidad, como mínimo, y están situadas en laderas soleadas, de modo que durante el día se calientan gracias a los rayos solares. Al final de la galería de entrada se abre una zona más ancha, denominada cámara incubadora, donde la hembra pone los huevos y los incuba. Los polluelos permanecen alrededor de un mes y medio en el interior del nido. Tras este período salen al exterior y se dirigen al mar.

La zona de distribución del frailecillo común incluye el océano Glacial Ártico, los mares adyacentes y el norte del océano Atlántico.

Otro frailecillo es el que pertenece al género *Lunda*, de costumbres muy similares al de su pariente el frailecillo común.

Las gaviotas, omnipresentes

Las gaviotas son aves presentes en todo el mundo. No podían faltar, por tanto, en aguas árticas, donde hay varias especies que, como todas las de su género, están dotadas de una gran capacidad de adaptación para sobrevivir en las condiciones más diversas.

La **gaviota hiperbórea** (*Larus hyperboreus*) es una de las muchas gaviotas que habitan las áreas del Ártico y sus proximidades, donde puede observarse en puertos y costas, así como en embalses interiores. Presenta buen tamaño, pues puede alcanzar 67 cm de longitud. Su coloración es muy clara, con el vientre, la cabeza y la cola blancas y la parte superior del dorso y las alas de gris perla muy pálido. El pico es robusto y algo curvado hacia abajo en la punta, de color amarillo con una conspicua mancha roja en la mandíbu-

Los frailecillos, fácilmente identificables, son pobladores característicos de las aguas frías, llegando hasta la región ártica. Crían en acantilados, pero el invierno lo pasan en alta mar.

la inferior. Los ojos son negros con un anillo ocular amarillo durante los meses de verano. Los inmaduros, hasta el segundo año de vida, son blancos con manchas irregulares de color pardo claro y presentan la mancha del pico negra.

Su dieta la componen animales marinos (peces, moluscos y crustáceos) que captura en el interior del agua, si bien lo hace en la zona del litoral, y la complementa con alimentos tomados en tierra firme, como huevos depredados a otras especies de aves y carroña. En muchas ocasiones se acerca a los vertederos de basura para rebuscar en ellos y obtener restos de comida.

Otra especie muy similar es la **gaviota polar** (*Larus glaucoides*), de menor longitud, hasta 55 cm, y que cría en las costas de Groenlandia.

La **gaviota de Sabine** (*Larus sabini*) es otro de los habitantes habituales en la zona del Ártico, donde acude a reproducirse. Es una especie muy bonita, reconocible por la coloración gris oscura de la cara y de la cola, que destaca sobre los blancos y grises claros del resto del cuerpo.

La **gaviota marfil** (*Pagophila eburnea*) es pequeña, hasta 43 cm de longitud, y presenta una coloración completamente blanca que la ayuda a permanecer oculta sobre el fondo blanco del hielo y de la nieve. Habita en la banquisa, criando en acantilados e incluso en icebergs, donde construye nidos de gran tamaño. Muy raramente se la ve alejada de las zonas de hielos. Se alimenta de peces, carroña y excrementos de focas y de osos polares.

La **gaviota tridáctila** (*Rissa tridactyla*) también se encuentra en el Ártico, pero anida en zonas más meridionales. Se alimenta básicamente de peces. A principios de primavera llega hasta las costas circundantes del Ártico. Es una de las primeras especies en arribar. En época de invierno, la gaviota tridáctila se vuelve pelágica. Una de las mayores poblaciones de esta especie se asienta en el glaciar de Spitzberg, donde se han llegado a contabilizar más de 2.000 ejemplares.

La gaviota tridáctila anida en los acantilados del Atlántico norte, pero cuando llega la primavera, se desplaza hasta las aguas del Antártico.

La gaviota hiperbórea, como otras muchas especies de su género, es abundante en las costas árticas y en otras muchas áreas, llegando incluso a los puertos.

Una gaviota gigante

El **gavión** (*Larus marinus*) pasa ciertas épocas del año en el Ártico, aunque acude a tierras más meridionales para reproducirse. Uno de los principales lugares de cría es la costa occidental de Groenlandia. Su tamaño es considerable, pues alcanza 70 cm de longitud. Puede distinguirse de las gaviotas por su cuello bastante más largo y erguido hacia arriba en posición de descanso. Su coloración es blanca, con la zona del dorso, parte superior de las alas y de la cola y punta de la parte inferior de las alas parda oscura. El pico es amarillo, con la clásica mancha roja en la mandíbula inferior propia de los miembros de su familia, la de los Láridos.

Extraordinarios viajeros

El **charrán ártico** (*Sterna paradisea*) es el único representante de los Estorninos presente en la zona del Ártico, donde se encuentra durante los meses de verano. Es mediano, de hasta 38 cm de longitud, y se reconoce por la coloración blanca por el vientre y gris clara por el dorso, con la mitad superior de la cabeza completamente negra. El pico, largo y delgado, es, como las patas, de un tono rojo oscuro. Tiene las patas muy cortas y la cola muy larga.

Se alimenta de peces y moluscos, que captura en el agua. Acude a tierras septentrionales en primavera, aunque no anida propiamente, sino que las hembras depositan los huevos sobre el suelo. Estos huevos presentan una coloración críptica que los confunde con las piedras y rocas.

Cuando en otoño el frío empieza a invadir la zona ártica, el charrán ártico emprende un largo viaje migratorio hacia el sur, llegando casi a tocar el océano Antártico, que en ese momento está empezando a despertar tras su largo invierno.

Un pariente suyo, el **charrancito** (*Sterna albifrons*), de menor tamaño, también puede verse por tierras árticas durante el período estival.

Un pariente del albatros con aspecto de gaviota

El **fulmar** (*Fulmarus glaciaris*) es el único representante de los Procelari-

Una de las mayores proezas del reino animal es el extraordinario viaje que año tras año realizan los charranes árticos. Durante la primavera y el verano permanecen en el Ártico, donde crían, pero al iniciarse los fríos, emprenden un vuelo que les llevará hasta las aguas de la Antártida.

Uno de los ánades que podemos encontrarnos por las aguas árticas es el eider, cuyo excelente plumón es muy utilizado para edredones.

formes presente en aguas árticas, sus demás parientes habitan en el otro lado de la Tierra, en la Antártida. Es una de las pocas aves que se atreve a quedarse durante la época invernal en el Ártico, ocupando partes de la isla de Groenlandia.

Forma densas colonias y se alimenta de especies pelágicas, sobre todo crustáceos, que captura en mar abierto, a menudo a bastante distancia de la costa.

Anida sobre el suelo. Los huevos están recubiertos de duras capas calcáreas que los protegen del frío que produce el contacto directo con la roca. Los padres incuban continuamente para evitar el enfriamiento de los huevos, continuando durante los primeros días de vida de los polluelos. Éstos, además, nacen recubiertos por un denso plumón aislante. Cuando un intruso pretende introducirse en el área de cría, recibe constantes ataques de vómitos apestosos por parte de los pequeños.

El plumón de los edredones

El **eider** (*Somateria mollissima*) es un ánade de gran tamaño que habita las costas septentrionales de Europa, Asia y América, siendo relativamente frecuente en Groenlandia y en la zona del Ártico. De gran tamaño, hasta 60 cm de longitud y 100 de envergadura, los machos presentan coloraciones muy distintas de las hembras. Ellas, pardas con numerosas manchas blancas uniformes y ellos con una bonita combinación de blanco, castaño oscuro, rosa salmón pálido y gris.

Se alimenta fundamentalmente de animales litorales, capturados en la costa.

La hembra pone unos cuatro huevos en el interior de un nido construido sobre el suelo, en una zona arbustiva o de matas bajas, con ramas y otros materiales vegetales que entrelaza de una forma muy elaborada. El interior lo tapiza con denso plumón que forma una capa cálida y mullida para poner los huevos. Éstos son blanquecinos, con una ligera tonalidad verdosa. Este plumón es muy apreciado, pues constituye un excelente aislante térmico, y se utiliza sobre todo para los edredones.

Mamíferos del frío

◆ ◆ ◆ ◆ ◆

A diferencia de la Antártida, aislada a varios cientos de millas de los continentes más cercanos, el Ártico une con sus hielos el continente americano con el norte de Asia y de Europa, entrando en contacto con la tundra de estas tierras y permitiendo de este modo el paso de la fauna. Gracias a ello encontramos algunos mamíferos terrestres, como el oso polar y el zorro ártico.

Aunque éstos son algunos de los habitantes más emblemáticos de esos hielos, lo cierto es que el grueso de mamíferos habita en el interior del medio marino con representación de ballenas y delfines, o al menos de una forma más o menos anfibia, como las focas y leones marinos. Durante cier-

Las focas pertenecen a un grupo de mamíferos marinos, los Pinnípedos, que todavía dependen de la tierra firme para reproducirse, adonde acuden en grandes masas para sacar adelante una nueva generación. No obstante, sus desplazamientos son aquí más torpes que en el agua.

tas épocas pueden verse agrupaciones de cientos de individuos que acuden a estas aguas a alimentarse, procedentes de aguas más cálidas, pero no tan ricas en alimento.

Los Pinnípedos, orden en el que se incluyen las focas, leones marinos, elefantes marinos y morsas, tienen un cuerpo muy hidrodinámico, pensado para moverse con soltura en el interior del agua, pero muy pesado fuera de ella. A pesar de su gran adaptación al medio marino, no han logrado, como los Cetáceos, su completa independencia de la tierra firme. Necesitan acudir a las costas para descansar, aparearse y traer al mundo a las crías.

Una de las principales adaptaciones al medio marino por parte de los Pinnípedos no puede verse desde el exterior, ya que es una característica fisiológica. Para poder adentrarse hasta profundidades tan importantes como los más de 1.000 m a los que descienden algunas especies, vacían por completo sus pulmones y reducen al máximo su ritmo cardíaco. Todo el oxígeno de la sangre queda a disposición del cerebro, órgano más sensible a su falta, mientras que los músculos pueden funcionar quemando azúcar en ausencia del mismo. En la vía metabólica que quema hidratos de carbono sin oxígeno se genera ácido láctico, que provoca agujetas en los seres humanos y otros vertebrados, pero a ellos apenas les afecta.

Estudios recientes demuestran que proceden de un antepasado carnívoro que por casualidades de la evolución fue adaptándose a su vida anfibia actual. Tan cercanos son filogenéticamente, que algunos autores insisten en hacer de ellos un subgrupo de los Carnívoros. Dentro del grupo hay tres familias, de las cuales existen representantes en el Ártico: los Fócidos, conocidos vulgarmente como focas, los Odobénidos, que incluyen a las morsas, y los Otáridos, que son los leones y osos marinos.

El señor de los hielos

Cuando en invierno los hielos polares del Ártico se expanden uniendo las costas de los diferentes continentes, el **oso polar** (*Thalarctos maritimus*) se adentra en este mundo helado para buscar alimento. Con un tamaño de hasta 3 m de longitud por 1,65 cm de altura en la cruz y un peso de hasta 800 kg, es el depredador terrestre más imponente de este ecosistema y uno de los mayores del mundo.

Su inmaculado pelaje, a veces con matices amarillentos o grisáceos, le ha valido para que le impongan un sobrenombre: oso blanco. Esta capa de pelo es muy tupida e impermeable, de modo que aísla completamente

Si la orca es el indudable señor de los mares en el Ártico cuando se trata de cazar en el agua, sobre el hielo o tierra firme es el oso polar o blanco el que se gana este título con todos los honores. Vive de forma permanente sobre la banquisa y se desplaza de un lado a otro a nado.

el cuerpo del exterior y permite incluso nadar en el interior de las gélidas aguas, lo que hace muy a menudo en verano, cuando la capa helada se resquebraja en témpanos y para moverse entre ellos debe sortear los amplios canales de agua. La cola es corta, entre 8 y 12 cm de longitud, y sobre el fondo blanco destacan la nariz, los labios y los pies, que son negros. Las hembras son de un tamaño inferior a los machos.

Al igual que el resto de los osos, pertenece al orden de los Carnívoros y a la familia de los Úrsidos, pero presenta características especiales, fruto de la adaptación al medio tan inusual en el que habita. Entre las que más lo diferencian de otros osos del mundo cabe citar una longitud relativamente corta de sus uñas, una superficie de la planta de manos y de pies peluda, y una forma de la cabeza mucho más estrecha. Además, los dientes incisivos y caninos están proporcionalmente más desarrollados.

Para mantener en buen estado su pelaje, eliminar la sal y conservarlo limpio, se estira sobre el suelo y se restriega contra el hielo y la nieve. Es una de las tareas más importantes para esta especie, pues si la librea se estropeara, no podría sobrevivir en este lugar de condiciones tan extremas.

Para encontrar alimento en un medio tan inhóspito, los osos polares han tenido que aprender varias técnicas de búsqueda. Pocas son las ocasiones de éxito en los intentos de captura, aproximadamente un 5 %, por lo que deben dedicar prácticamente todo su tiempo a la caza.

Una de las fuentes de alimento más importantes para el oso polar durante el invierno la constituyen los pequeños huecos en el hielo que dejan que el agua líquida emerja a la superficie utilizados por multitud de mamíferos marinos (focas, morsas y cetáceos) para respirar. En algunos casos quedan tan aislados en la extensa superficie helada que los mamíferos quedan literalmente atrapados en ellos. Entonces, el oso polar no tiene más que esperar en el linde del hielo a que uno de estos animales tenga que salir por fuerza a captar aire para abalanzarse sobre él e intentar capturarlo con sus potentes garras. Se lanza al agua sin reparos sobre el cuerpo de la posible presa. No siempre logra su objetivo, pues a veces el tamaño de estos animales es tan imponente que, aun propinándoles importantes heridas, no son lo suficientemente profundas para llegar a los órganos vitales. Pero el intento merece la pena, pues en caso de éxito la recompensa es muy importante, cientos de kilogramos de carne suficientes para sobrevivir varios días.

Un cazador de finísimo olfato y sus presas favoritas

Otra forma de encontrar alguna presa es oteando el territorio en busca de una guarida subterránea construida en el hielo por algún animal. Es el caso de las focas de anillos o de bandas, que dan a luz en el interior de galerías excavadas en el hielo. Hallar este tipo de presas es una labor muy paciente, si bien si un animal está capacitado para ello es el oso polar, que con su finísimo olfato puede captar el olor de una madriguera desde casi 2 km de distancia. Muchas veces los intentos son fallidos, pues las galerías están vacías, pero el olor del animal que las había ocupado permanece, engañando al gran oso. En ocasiones los ocupantes pueden huir por salidas alternativas al mar. Cuando descubre una de estas guaridas, se lanza con todas sus fuerzas sobre el hielo con las patas anteriores para partirlo de un golpe. También araña y excava en la nieve en busca del agujero y su preciado relleno. Si existe una presa en el interior, la captura suele ser muy sencilla, pues las focas apenas se pueden defender.

Mientras el oso disfruta de su captura, algunos animales se apuntan al festín, básicamente gaviotas y otras aves marinas, que no son atacadas por hallarse el depredador muy ocupado despedazando el gran cuerpo de la presa. Una vez se retira el gran cazador, aparecen los zorros polares para acabar de aprovechar los restos esparcidos sobre el hielo. En algunos lugares, estos animales dependen completamente de los osos polares para pasar el invierno, pues se alimentan exclusivamente de la carroña dejada por los plantígrados.

Los osos polares son muy buenos nadadores, capaces de recorrer en el agua distancias de más de 150 km sin descanso. Sólo sobresale a la superficie la parte superior del lomo y una pequeña parte de la cabeza que comprende los ojos y la nariz. Dentro del agua, con las patas posteriores encogidas, utilizan las delanteras como remos para avanzar.

Cuando en verano los hielos de Groenlandia dejan ver parte de la superficie del suelo, los osos también se dedican a la búsqueda de liebres, renos e incluso huevos, frutos y algunos vegetales. Esos magníficos depredadores pueden alcanzar al galope hasta 30 km/h y, según la necesidad de alimento, llegan a recorrer hasta 40 km diarios.

La reproducción y la crianza de los oseznos, una fase esencial

La época de celo tiene lugar desde finales de primavera hasta mediados de verano. Es el único momento del año en que los osos pueden unirse temporalmente por parejas. Tras el cubrimiento, las hembras y los machos vuelven a separarse para seguir con sus costumbres solitarias habituales. La gestación dura entre 27 y 37 semanas, y entre marzo y abril las hembras dan a luz en el interior de guaridas construidas en el hielo, formadas por un pasillo de entre 2 y 6 m de longitud por 70 cm de anchura, acabado en una única cámara de 2-3 m de profundidad por 1,5 m de altura.

En estas guaridas traen al mundo a dos preciosos cachorros por camada que nacen muy desvalidos, con sólo unos 30 cm de longitud y menos de 1 kg de peso. Durante los últimos cuatro meses de la gestación y parte de la lactancia las madres no se alimentan en absoluto, sobreviviendo de sus reservas corporales. Durante las primeras semanas de vida de sus retoños no pueden abandonarlos para ir en búsqueda de comida, ya que correrían el riesgo de que los oseznos murieran congelados, pues son demasiado pequeños para regular su propia temperatura por mucho tiempo.

Desde principios de abril hasta mediados de mayo, las madres salen al exterior seguidas de sus pequeños, que ya tienen un mes y medio de vida y pesan unos 15 kg. Las progenitoras están famélicas y buscan alimento de forma desesperada. Además, si fallan en la búsqueda, sus crías podrían morir de inanición. Durante varios meses, los pequeños la siguen constantemente y aprenden de ella las técnicas de caza que utilizarán en un futuro para sobrevivir por sí mismos. Las distancias en el Ártico no son cortas y seguir a su madre es una ardua tarea para los oseznos, y requiere de su buen estado de salud y de reservas.

Otra de las ocupaciones más importantes en el aprendizaje de los cachorros es el juego. Juegan durante horas entre ellos o con la madre. Con ello, aprenden a coordinar los movimientos y se desarrollan sus músculos. Existen pocas imágenes más tiernas que las de los pequeños cachorros de oso polar jugando en la naturaleza, por lo que han sido muchas veces utilizadas en campañas publicitarias en las que se quería resaltar el instinto maternal y la ternura de la infancia. Tan bonita es la escena, que el oso polar ha constituido durante mucho tiempo uno de los modelos de los peluches para niños pequeños, cuando la realidad es que se

OSO POLAR

CLASE > MAMÍFEROS | ORDEN > CARNÍVOROS | FAMILIA > ÚRSIDOS | ESPECIE > THALARCTOS MARITIMUS

CARACTERÍSTICAS
(variables según la especie)

Longitud	250-300 cm
Altura en la cruz	150-165 cm
Peso	hasta 800 kg
Color	blanco o amarillento
Gestación	189-259 días
Longevidad	hasta 34 años
Alimentación	focas, peces, aves, carroña

VIDA Y COSTUMBRES

- Animal que se halla en una fase intermedia de evolución hacia la vida marítima. Aunque en ocasiones se reúne en grupos si abunda el alimento en un punto, es de costumbres solitarias. Vive sobre la banquisa de hielo y en las costas circundantes. Nada muy bien. El celo tiene lugar en la época cálida, y las hembras paren dos crías dentro de una guarida construida en el hielo.

Aunque la lactancia dura sólo unos tres meses, los oseznos permanecen con su madre por espacio de unos dos años, hasta alcanzar así unas dimensiones suficientes para poder sobrevivir por su cuenta en un medio tan hostil como el del Ártico.

trata de uno de los depredadores más feroces y peligrosos, que no duda en atacar al hombre si éste se acerca, sobre todo durante el invierno, cuando la escasez de alimento lo hace especialmente agresivo. Son numerosos los casos de esquimales y exploradores atacados por este depredador.

La lactancia dura hasta el tercer mes de vida de los cachorros, aunque éstos permanecen con su madre al menos durante dos años, al cabo de los cuales ya están suficientemente desarrollados y entrenados para iniciar una vida propia. Durante este tiempo la madre los cuida y protege, e incluso se han observado cachorros sobre el lomo de su progenitora mientras ésta se dirigía a nado hacia algún lugar.

Las hembras alcanzan la madurez sexual hacia el sexto año de vida, mientras que los machos, mucho más precoces, lo hacen hacia el tercero. Algunos autores afirman que la longevidad de este precioso animal alcanza los 34 años.

A diferencia de las hembras preñadas, los machos no se refugian en el interior de guaridas para hibernar, sino que pasan la mayor parte del invierno buscando alimento para sobrevivir a la dura época. Si las condiciones climáticas se vuelven muy arduas, debido a una tempestad o a un viento muy fuerte, pueden construir madrigueras temporales en las que pasar el mal momento, saliendo tan pronto como las inclemencias meteorológicas se apaciguan.

El oso polar sólo se encuentra presente en las áreas más septentrionales de Norteamérica, Groenlandia y Eurasia, así como en la superficie helada del océano Glaciar Ártico.

Durante años, desde el siglo XVIII, este bonito animal fue muy perseguido por su piel y como trofeo de caza. Tanto lo acosaron durante los siglos precedentes, que a partir de 1955 empezaron a plantearse leyes de protección para esta especie y en 1973 fue declarado protegido universalmente, firmándose un acuerdo de conservación internacional. Actualmente, sólo se pueden capturar con fines de subsistencia en algunas regiones árticas y por parte de la población autóctona.

Un gigante del Ártico

La **morsa** (*Odobenus rosmarus*) es uno de los mayores pinnípedos del planeta. Su cuerpo mide entre unos 3 y 4,5 m de longitud, pesando hasta 2.200 kg los machos de mayor tamaño, siendo las hembras mucho más pequeñas, de 2-3 m de longitud y unos 1.000 kg de peso.

Su principal característica, que además la hace inconfundible ante otras especies de su orden, son los dos grandes colmillos que sobresalen de la mandíbula superior hacia abajo. Estos colmillos, que son dientes caninos muy desarrollados, pueden medir hasta 1 m de longitud en los machos, mientras que en las hembras raramente superan los 60 cm. Además, en ellos están ligeramente curvados hacia dentro, mientras que los de ellas son más rectos. Estas vistosas defensas no dejan de crecer nunca, manteniéndose en tamaños estables gracias al desgaste o a la rotura de las puntas.

Al igual que las focas, las morsas, que se incluyen en la familia de los Odobénidos, carecen de pabellones auditivos externos. Vistas de cara presentan un hocico acabado en dos fosas nasales que se disponen formando una «V» muy abierta. El extremo del hocico, entre la nariz y la boca, está completamente recubierto de un conjunto de pelos duros sensoriales o vibrisas que recuerda a un gran bigote. La piel es muy gruesa y arrugada, de hasta 8 cm de grosor, de un color pardo claro bastante uniforme, sobre todo en los ejemplares adultos, y a veces adquiere tonalidades rojizas. El pelaje es muy ralo, consistente en unos cuantos pelos dispersos por todo el cuerpo. A veces los machos presentan tubérculos u otras protuberancias en la zona posterior del cuello.

Carece por completo de cola y sus patas traseras, convertidas en potentes palas natatorias, se sitúan en una posición muy posterior, semejando la cola de un cetáceo, aunque pueden diferenciarse perfectamente los dedos. Cuando se encuentra en tierra firme, las dirige hacia delante, apoyándose en ellas para avanzar. Las extremidades anteriores son gruesas y muy potentes, capaces de aguantar el peso de la parte anterior del cuerpo en tierra firme. Además, las manos se han aplanado para formar una especie de palas que utiliza para nadar y están provistas de fuertes uñas que permiten a la morsa agarrarse a la superficie lisa del hielo.

Las morsas viven formando manadas de hasta un centenar de individuos, que nunca se adentran demasiado en tierra firme ni en el hielo, permaneciendo siempre cerca del agua, donde se refugian rápidamente en caso de peligro. De carácter apacible, no dudan en defenderse con sus colmillos si se sienten acosadas o atacadas. Raramente un depredador intenta capturar a una morsa adulta, ni siquiera el temible oso polar, que ocasionalmente captura crías o ejemplares enfermos y debilitados. Además, las morsas emiten una serie de vocalizaciones que semejan fuertes rugidos o ladridos y que

Características del hemisferio norte, las morsas presentan unas formidables defensas de crecimiento continuo, sobre todo los machos. Las utilizan en la búsqueda del alimento y en las luchas durante el celo.

Durante la época estival las morsas se reúnen en grandes grupos en las costas donde no haya hielo. Allí aprovechan para hacer un cambio de piel y prepararse para soportar el invierno.

sirven para alertar a los distintos individuos del grupo.

Se alimentan principalmente de moluscos, que capturan dentro del agua, sobre los fondos arenosos o de lodos. Pueden sumergirse hasta 20 m de profundidad para buscar una presa. Con sus colmillos remueven el lodo y con sus bigotes sensitivos pueden detectarla. Cuando la encuentran, la extraen con ayuda de los labios, tirando del cuerpo hasta separarlo de la concha. En su dieta también tienen cabida algunos peces, crustáceos y equinodermos. Algunos machos adultos se han especializado en alimentarse de carroña o incluso de pequeñas focas que capturan con sus armas dentales, aunque se trata de una actividad que no es habitual.

Son muy buenas nadadoras y pueden permanecer hasta cinco minutos en el interior del agua sin respirar. También son capaces de caminar por la superficie del fondo, avanzando apoyadas sobre sus extremidades anteriores.

El período estival lo pasan en las costas desprovistas de hielo, donde el suelo firme queda al descubierto. Aprovechan esta época de bonanza para desprenderse de la piel y renovarla por otra que les permitirá pasar el invierno siguiente con más garantías. De esta manera también se desprenden de los muchos parásitos que allí se han establecido y que tanto les molestan. Durante el período de la muda padecen fuertes picores que intentan apaciguar rascándose constantemente con las extremidades posteriores y anteriores y restregándose contra las arenas de la playa o de los fondos marinos.

El invierno lo pasan en el Ártico. Se hallan cerca de las piscinas marinas formadas en la capa de hielo, provocadas por las fuertes corrientes que impiden la congelación de la superficie. Así les resulta posible salir al exterior a respirar o subirse al suelo helado para descansar, pudiendo meterse rápidamente en el agua si detectan la presencia de algún peligro. Para moverse en el hielo se ayudan de sus defensas, clavándolas en la dura capa como si de un pico se tratara y, haciendo palanca, empujando el resto del cuerpo en su dirección.

Durante el celo, que tiene lugar entre los meses de abril y mayo, los machos emiten una serie de cantos sub-

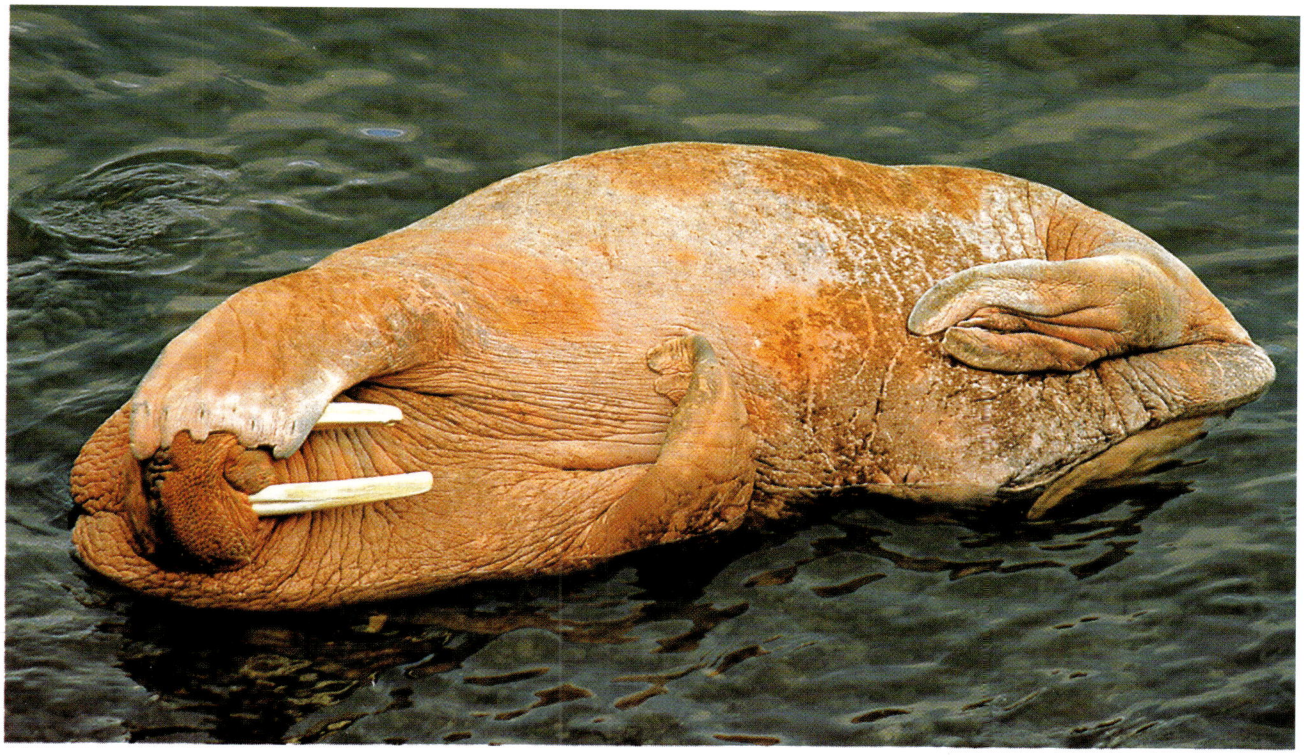

Existen dos subespecies de morsas, la del Pacífico y la del Atlántico. La primera es de dimensiones algo menores que la segunda. A mediados del siglo XX la variedad atlántica estuvo al borde de la extinción a causa de la caza, ya prohibida salvo para las poblaciones aborígenes.

acuáticos que recuerdan un tintineo muy fino. En tierra firme se producen violentas disputas entre ellos, enfrentándose unos contra otros y luchando con sus colmillos. En el curso de estos enfrentamientos pueden propinarse grandes heridas, de las que sanan con rapidez. El ganador cubre a varias hembras que se han reunido en lugares especiales, produciéndose los apareamientos en el agua.

Las hembras permanecen preñadas durante más de un año, aunque los cuatro primeros meses no pueden contarse realmente, pues la fecundación es instantánea, pero la implantación del embrión es retardada. El alumbramiento se produce en mayo o junio sobre la capa helada del Ártico, naciendo una sola cría de aproximadamente 1 m de longitud y unos 50 kg de peso y carente de colmillos.

A diferencia de los adultos, la piel de la cría está recubierta por un fino pelaje de tonalidad grisácea. En pocas horas es capaz de nadar y sigue a su progenitora a todas partes. A veces las crías son aplastadas literalmente por el corpachón de algún adulto del grupo, a pesar de que la madre vigila constantemente el excesivo acercamiento de sus compañeros. La protección materna se prolonga durante todo un año y medio, a veces dos, tiempo durante el cual la cría se alimenta de leche materna. Si el pequeño es amenazado por algún depredador, la madre no duda en intentar protegerle, interponiéndose entre ambos e intentando clavar sus defensas. Cuando se produce el destete y el joven empieza a alimentarse por sí mismo, la madre lo sigue cuidando durante algunas semanas, pero finalmente se separa de él dejándole empezar su propia vida.

Se puede estimar la edad de las morsas atendiendo a la longitud de sus colmillos. Hacia el segundo año de vida miden unos 10 cm, mientras que a los 5 años llegan a los 30 cm. Las hembras alcanzan la madurez sexual hacia el cuarto o quinto años de vida, mientras que los machos aún tardan dos años más en hacerlo.

Entre los principales enemigos naturales de las morsas están las orcas, que las capturan saltando hacia las costas con las fauces abiertas para atraparlas. Cuando las morsas son atacadas por el gigante blanquinegro, se ponen muy nerviosas e inician una huida enloquecida. En muchos casos el pánico es tal, que incluso llegan a herirse gravemente, pudiendo llegar a morir. El otro depredador potencialmente peligroso para ellas es el oso polar. Pero son siempre hembras, jóvenes o individuos debilitados los que pueden caer víctimas de estos grandes depredadores.

Las morsas habitan en varios mares y costas desde el Polo norte hasta latitudes en que el clima se vuelve templado (avistándose ocasionalmente en Dinamarca o Gran Bretaña), siempre en zonas costeras donde el fondo no llega a superar los 100 m de profundidad.

Otáridos del Ártico

En las aguas polares del hemisferio norte sólo existen dos representantes de los Otáridos: el león marino de Steller y el oso marino. La principal característica que diferencia a estos animales de las verdaderas focas es la presencia de pabellones auditivos externos. Además, también es distintiva la capacidad de disponer las extremidades posteriores hacia delante y levantarse sobre los cuatro miembros en vez de arrastrarse cuando se hallan en tierra firme o sobre el hielo. Otro rasgo característico de los leones marinos son las prolongaciones cutáneas en los dedos, que sobresalen mucho por delante de las uñas, como si de un guante vacío se tratara.

Ambas especies son muy buenas nadadoras y utilizando sus aletas anteriores para impulsarse, mientras que las traseras, dispuestas hacia atrás como si fuera la cola de un cetáceo, sirven para ayudar a maniobrar.

Un cuidador ejemplar

El **león marino de Steller** (*Eumetopias jubatus*), también conocido como **león marino del Ártico**, es una especie mediana que puede medir hasta 3 m de longitud y pesar casi 1 t, si bien los ejemplares suelen ser de menor tamaño, sobre todo las hembras, que apenas llegan a los 300 kg y no rebasan los 2,3 m. La coloración es parda, entre clara y rojiza.

Uno de sus principales alimentos son las lampreas de mar, muy abundantes en su área de distribución. Con ello contribuyen a mejorar la calidad de las poblaciones de otros peces, como los salmones, gravemente afectados por este parásito. También capturan otras especies de peces y de cefalópodos, así como moluscos y crustáceos. En ocasiones pueden depredar otras especies de pinnípedos, como las crías de oso marino del norte.

El celo se produce en primavera, momento en que se reúnen en grandes agrupamientos de multitud individuos en las costas de Alaska, Canadá, de las islas Kuriles, de Kamchatka, en las islas del mar de Ojotsk y las Aleutianas. Los fuertes bramidos que emiten los machos pueden oírse a mucha distancia. Son el inicio de las luchas que se establecen entre ellos para conseguir un harén. Éste puede constar de entre una decena y una veintena de hembras, como término medio, aunque existen machos tan fuertes que pueden hacerse hasta con medio centenar de ellas. Cuando finaliza este período, los galanes acaban realmente extenuados.

Las hembras permanecen preñadas por espacio de unos 12 meses y entre mayo y junio se produce la mayoría de los alumbramientos. Los pequeños, que vienen al mundo cubiertos por un pelaje pardo oscuro, casi negro, y pesan unos 20 kg, se amamantan durante 8-11 meses, prolongándose en ocasiones algunos meses más. Es una de las especies de pinnípedos que más

Los otáridos, como estos leones marinos de Steller, se diferencian de las focas, entre otras cosas, por la presencia de pabellones auditivos. Además, pueden dirigir las extremidades posteriores hacia delante y cuando se desplazan por tierra, lo hacen apoyándose en las cuatro extremidades.

Los osos marinos son la otra especie de otáridos presentes en las aguas árticas. Muestran un gran dimorfismo sexual, siendo las hembras menores que los machos.

tiempo cuidan de sus crías. Por norma general, los cachorros permanecen con sus madres, bajo su cuidado y protección, durante un año entero, pero se han descrito casos de parejas madre e hijo de hasta tres años.

Las hembras alcanzan la madurez sexual a los 4-5 años de vida, mientras que los machos los hacen algo más tarde, entre los 5 y los 7. A pesar de ello, no suelen aparearse hasta uno o dos años después cuando socialmente son aceptados. La longevidad estimada para el león marino de Steller es de 23 años. Sus principales enemigos naturales son las orcas y algunas especies de tiburones.

El león marino de Steller vive en las regiones más septentrionales de las costas del Pacífico y del Ártico, tanto en Asia como en Norteamérica, siendo sus límites de distribución meridionales las islas japonesas por el oeste y las californianas por el este. Actualmente la población de esta especie se estima en unos 100.000 individuos y algunos autores afirman que va en descenso.

Pinnípedos de grandes machos

Los **osos marinos** en general se caracterizan y diferencian de los leones marinos por presentar una fina borra de pelo que recubre la totalidad de su cuerpo. Son mayoritariamente propios del hemisferio sur, aunque en el Ártico puede encontrarse el **oso marino del norte** (*Callorhinus ursinus*). Como en la mayoría de las especies de pinnípedos, en ésta también se da un elevado dimorfismo sexual, siendo los machos hasta cinco veces más grandes que las hembras. En el caso del oso marino del norte, ellos miden hasta 2,15 m de longitud y pesan hasta casi 300 kg, mientras que ellas no suelen superar 1,4 m y 50 kg. Su pelaje es de una tonalidad gris y parda, más o menos clara, que aparece casi negra cuando se moja. Los machos presentan una melena muy densa.

Salvo alguna población que permanece en tierras californianas todo el año, los osos marinos del norte realizan migraciones estacionales entre aguas septentrionales y meridionales. En primavera se dirigen hacia el norte hasta los territorios de cría, mientras que el frío invierno prefieren pasarlo en aguas más cálidas cercanas a los trópicos, las hembras con los jóvenes en aguas costeras y los machos en alta mar.

Su dieta se basa en calamares y algunos peces pequeños, como el arenque. Son buenos nadadores, pudiendo sumergirse hasta 250 m de profundidad.

Los osos marinos del norte suelen criar en las zonas septentrionales de su área de dispersión, pero cuando llega el invierno emigran hasta áreas más cálidas, cercanas a los trópicos, permaneciendo los machos en alta mar y las hembras y sus crías más cerca de la costa.

Al igual que los leones marinos, se agrupan en grandes manadas para aparearse, formándose harenes de hasta un centenar de hembras por macho. Los primeros en llegar al área de reproducción, hacia el mes de mayo, son los machos. Compiten entre sí para la obtención de un buen territorio que ofrecer a las hembras que constituirán su harén. Un mes más tarde aparecen sus compañeras. Éstas, nada más llegar, traen al mundo a su pequeño cachorro y una semana más tarde se encuentran en condiciones de aparearse de nuevo. La implantación es diferida, por lo que el primer mes pueden amamantar a su recién nacido sin que existan incompatibilidades con el embarazo. Tras el primer mes, los jóvenes deben empezar a capturar presas por sí mismos para alimentarse. Aun así, siguen bajo la custodia materna durante al menos tres meses más. La gestación dura 11 meses y 3 semanas.

Uno de sus criaderos más importantes se halla en las islas Pribilof, al este del mar de Bering, donde se estima una población de más de un millón de ejemplares. Otros lugares importantes de cría de esta especie son las islas Commander, al oeste del mar de Bering, la isla de Robben, en el mar de Ojotsk, las islas Kuriles, al oeste del Pacífico, y la isla de San Miguel, en California.

Las hembras alcanzan la madurez sexual hacia el tercer o cuarto años de vida, mientras que los machos lo hacen entre el cuarto y el quinto. A pesar de ello, la reproducción no suele efectuarse hasta los 9 o 15 años, cuando han conseguido la madurez social. Los leones marinos del norte pueden vivir hasta los 25 años, aunque la mortalidad juvenil es muy importante. Sus principales enemigos son las orcas y los tiburones, aunque también son cazados por leones marinos y otros depredadores terrestres.

Su delicada piel, recubierta de una fina lana bajo el pelo, les ha hecho ser muy perseguidos, y si no hubiera sido por las medidas de protección internacionales tomadas desde hace varios decenios, estos animales seguramente habrían desaparecido de la faz de la Tierra. En la actualidad se estima que el censo total de esta especie ronda el millón y medio de ejemplares.

Un animal emblemático

Las **focas**, pertenecientes a la familia de los Fócidos, son uno de los grupos animales más representativos de los ecosistemas polares. Pero sólo algunas especies se hallan todo o gran parte del año en estas aguas, pues en general migran hacia latitudes más meridionales (o septentrionales, en el caso de la Antártida) donde el clima es más cálido para pasar el invierno.

Para diferenciar a las focas de los leones y osos marinos, basta con mirarles la cabeza y ver que carecen de los pabellones auriculares externos presentes en ellos. Respecto a las morsas, la confusión es prácticamente imposible, sobre todo por el menor tamaño y la ausencia de colmillos. Además, en las focas, las extremidades posteriores están dirigidas hacia atrás y son incapaces de ayudarse de las mismas cuando se mueven en tierra firme, mientras que en el interior del agua es su modo de propulsión, por lo que resultan mucho más rápidas ya que pueden realizar giros más precisos. Las extremidades anteriores, proporcionalmente más cortas que en el caso de los otáridos y de las morsas, tampoco tienen fuerza para elevar a estos animales, de modo que cuando se mueven en tierra o sobre el hielo, deben hacerlo arrastrando su cuerpo con movimientos ondulatorios del mismo, por lo que se ven mucho menos ágiles que los leones y osos marinos. En el extremo de las mismas se entrevén los cinco dedos.

Algunas especies de focas, como la **foca de California** o las **focas monje**, son propias de ambientes tropicales o subtropicales. Llegaron hasta los mismos durante las épocas de glaciación, cuando el hielo cubría por completo la tierra; pero cuando los hielos empezaron a retroceder durante los períodos interglaciares, estos animales no se retiraron con ellos, sino que quedaron aislados en los alrededo-

Las focas carecen de pabellones auditivos externos y se mueven con gran torpeza por el suelo o el hielo, arrastrando el cuerpo en lugar de apoyarse en las cuatro extremidades como hacen los leones marinos.

En el agua, las focas se desplazan con gran agilidad gracias a su cuerpo hidrodinámico. Son capaces de permanecer bastante tiempo bajo el agua y algunas bucean hasta profundidades superiores a 1.000 m.

res de estos mares y han sobrevivido hasta la actualidad. El aislamiento les ha hecho evolucionar por caminos diferentes a los de sus hermanas, convirtiéndose en especies independientes. Ambas especies están más emparentadas con las focas del hemisferio austral que con las de boreal.

Otro caso similar es el de la **foca del lago Baikal** (*Phoca sibirica*) y la **foca del mar Caspio** (*Phoca caspica*). Ambas especies llegaron a sus respectivas localidades actuales, descritas en su propio nombre común, en los períodos glaciares, cuando prácticamente la totalidad del territorio se encontraba recubierta de hielo. Genéticamente son muy cercanas a las focas oceladas (del hemisferio norte) y, como ellas, su tamaño es reducido, siendo la foca del Baikal la más pequeña del mundo.

Entre las especies que pueden verse en el Ártico podemos citar: la **foca groenlandesa**, la **foca de anillos**, la **foca común**, la **foca ocelada**, la **foca de casco**, la **foca barbuda** y la **foca gris**. No todas son exclusivas de este hábitat, pero en algunas estaciones acuden hasta el polo norte para alimentarse o criar.

Foca groenlandesa (Phoca groenlandica)

También conocida como **foca pía**, **foca de silla**, **foca de espalda negra** o **foca de arpa**, es una gran viajera, que pasa el invierno en el norte de las costas atlánticas y acude hasta el Ártico durante la primavera, momento en que se inicia su período de cría. Su piel es de una tonalidad marfil de fondo con la cabeza, parte de la espalda y flancos oscurecidos de pardo, formando una gran mancha irregular en forma de herradura, no existiendo un mismo diseño para todos los miembros de la especie, sino que cada uno presenta un dibujo particular.

Esta foca es de mediano tamaño, entre 1,6 y 1,9 m de longitud y un peso que puede llegar hasta los 135 kg. Los machos son ligeramente mayores que las hembras. La cabeza es ancha y acaba en un hocico puntiagudo, dotado de unos largos bigotes sensitivos.

Su capacidad natatoria es bastante superior a la de otras especies de focas, aunque sus inmersiones no suelen durar demasiado, alcanzando un máximo de 200 m de profundidad. Además, cuando se adentra en tierra firme también puede moverse con una cierta agilidad, sobre todo si la comparamos con otros miembros de la familia. Se alimenta básicamente de crustáceos y peces.

El período de cría se produce en primavera, a finales de febrero o principios de marzo. Esta especie utiliza los bordes de las placas de hielo del Ártico para traer al mundo a sus retoños, que al nacer miden unos 90 cm y pesan alrededor de 10 kg. De esta forma pueden esquivar más fácilmente a los depredadores, osos y zorros polares, a los que se les hace muy difícil moverse por este terreno, pues el hielo está muy fragmentado en estos parajes. Además, las crías nacen recubiertas por un grueso pelaje blanco que las mantiene calientes y les permiten quedar camufladas sobre el hielo. Las madres las amamantan durante 12 días, período de tiempo corto, pero suficiente para que los pequeños puedan acumular las reservas necesarias para sobrevivir y desarrollarse.

Uno de los secretos para que en tan escaso tiempo de lactancia haya suficiente, es que la leche de foca presenta un 45 % de su contenido en grasa, por lo que es un alimento muy calórico con el que los cachorros engordan muy rápidamente. Luego, las madres se van, dejando a sus pequeños a su propia suerte. Pasados los primeros 12 días de vida, les empieza a crecer un pelo gris que sólo les dura otras tres semanas, hasta que finalmente lo pierden y empiezan a adoptar la coloración adulta, aunque poco definida.

En el mes de marzo, los machos se acercan a los témpanos en que las hembras amamantan a las crías y allí, nadando a su alrededor, realizan todo tipo de exhibiciones de apareamiento. Emiten distintos sonidos dentro del agua y mueven las aletas anteriores como si fueran un abanico. Cuando por fin han convencido a una hembra, el apareamiento se produce sobre la superficie del hielo. La fecundación es inmediata, pero el embrión no se implanta hasta pasados algunos meses. El total de la gestación dura entonces 11-12 meses, aunque el desarrollo fetal se limita a 6-7 meses.

La madurez sexual se alcanza entre el cuarto y el séptimo años de vida y se estima que la longevidad en esta especie es de unos 30 años.

En el Ártico pueden diferenciarse tres poblaciones de esta especie: una situada en el mar Blanco, otra en Jan Mayen y una tercera en Terranova. Algunos ejemplares o grupos pueden viajar hasta latitudes meridionales, habiéndose avistado ejemplares de foca groenlandesa en las costas danesas.

La foca pía se reproduce durante la primera mitad de la primavera, buscando los bordes de la banquisa para traer al mundo a su cría, pues allí no tienen fácil acceso los depredadores.

Foca ocelada (Phoca hispida)

También conocida con el nombre de **foca anillada** o **foca fétida**, es otra de las especies que puede hallarse en el hemisferio norte. Es de pequeño tamaño, con una longitud de hasta 1,65 m y un peso de entre 50 y 100 kg. Como su nombre indica, presenta unas manchas claras en forma de anillos que se distinguen sobre el fondo pardo grisáceo en el cuello, dorso y costados del cuerpo. La zona ventral muestra una coloración más clara. La cabeza es pequeña y de forma muy esférica, con un hocico corto y ancho, provisto de vibrisas blancas a modo de bigotes. Los ojos son relativamente grandes y se hallan muy juntos.

Es una especie muy sedentaria, cuyos efectivos pasan largos períodos de tiempo descansando sobre el hielo. Sus inmersiones nunca duran más de 18 minutos y alcanzan profundidades poco importantes. Se alimentan de peces, calamares y pequeños crustáceos. Puede conocerse la presencia de esta especie por los continuos «ladridos» que emite durante todo el año, tanto de día como de noche.

En junio o julio las focas anilladas realizan una muda de la piel, renovándola por una capa sin deterioro que es muy importante para poder pasar el siguiente invierno.

La época de celo tiene lugar en primavera. La implantación del embrión, al igual que en el resto de especies de focas, presenta un retardo, que en este caso es de 3 meses. La gestación total dura unos 11 meses.

Durante la época de cría, también en primavera, las hembras excavan guaridas de hasta 3,5 m de longitud y 30 cm de anchura en la nieve. En ellas, entre marzo y abril, dan a luz a sus cachorros, que miden unos 65 cm de longitud y pesan entre 4 y 5 kg. Esconderlos bajo el hielo es la manera de mantenerlos al margen de las inclemencias del tiempo y evitar a los depredadores. Los cachorros nacen recubiertos de un lanugo que empiezan a mudar a las dos o tres semanas de vida, para perderlo por completo hacia los dos meses. La lactancia dura mucho tiempo comparado con otras focas, entre 5 y 7 semanas.

Los juveniles carecen de los característicos anillos blanquecinos, adquiriéndolos con la edad. La madurez sexual se alcanza entre los 4 y 7 años de vida, cuando sus dimensiones llegan a los 130 cm de longitud.

Se distribuye por toda la región circumpolar del Ártico, especialmente por el mar de Bering y la vertiente pacífica del Ártico, aunque no es rara en las costas orientales y occidentales de Groenlandia, en el Labrador en Svalvard y en el mar Blanco, siendo mucho menos viajera que las restantes especies de estas aguas.

Tal y como ocurre con las demás especies de focas, la foca anillada todavía es capturada para la obtención de su piel y su grasa, sobre todo en Groenlandia y en el mar Báltico.

Foca de bandas (Phoca fasciata)

Es una de las especies que puede encontrarse en la región más interna del Ártico. De costumbres muy similares a la foca anillada, se la reconoce por el dibujo de su piel, oscuro en el fondo y atravesada por cuatro bandas transversales. Es una especie de pequeño tamaño, que mide entre 1,5 y 1,9 m y pesa entre 80 y 100 kg.

Es buena nadadora y puede llegar a sumergirse hasta profundidades de

La foca ocelada es relativamente pequeña y de costumbres sedentarias y pasa gran parte del tiempo descansando sobre el hielo o en zonas costeras del Ártico.

En todas las costas septentrionales del Atlántico y del Pacífico podemos encontrar ejemplares de la foca común. Algunos incluso penetran por las aguas dulces de las desembocaduras. Pasan el verano en las aguas árticas, donde encuentran alimento abundante.

600 m. Su dieta se basa en peces y cefalópodos que captura tras una rápida persecución, aunque los jóvenes también se hacen con crustáceos.

Tras un período de gestación de unos 11 meses, la hembra tiene un cachorro que nace recubierto de un largo pelaje blanco y pardo. Al igual que sus parientes las focas anilladas, las hembras de foca de bandas también excavan guaridas en las que traer al mundo a sus pequeños. Cada hembra utiliza varias de ellas, pero sólo en una ubica a su pequeño. De este modo disminuye las posibilidades de que éste sea atacado por un oso polar u otro depredador de superficie.

Se estima que esta especie puede llegar a vivir hasta 26 años.

Es una especie natural del océano Pacífico septentrional. Su distribución se extiende por el mar de Chukchi, el mar de Bering y el mar de Ojotsk.

Foca común (Phoca vitulina)

También conocida como **foca de puerto** o **foca holártica**, tiene una amplia área de distribución, encontrándose en las costas del norte del océano Atlántico y del Pacífico. Es una de las especies que llega hasta latitudes más meridionales, y en el Atlántico se halla desde Portugal hacia el norte por la costa oriental, mientras que en la occidental lo hace desde Carolina del Sur. En el Pacífico ocupa todas las costas desde Japón o California hacia el norte. Pero las poblaciones se hallan mayoritariamente en Groenlandia e Islandia. Acuden al Ártico durante los benignos meses estivales, en búsqueda de la inmensa riqueza que genera esta agua durante esa época. Existen algunas poblaciones canadienses que habitan en áreas de aguas dulces, en desembocaduras de ríos.

Su tamaño es relativamente pequeño, entre 1,2 y 2 m de longitud y 65-140 kg de peso, siendo los machos ligeramente mayores que las hembras. La cabeza, de forma redondeada, acaba en una nariz cuyas fosas nasales forman una «V» muy bien definida. La coloración es de fondo marfil, moteado con pequeñas manchas grises o pardas por todo el cuerpo, especialmente por la zona dorsal. Existen variaciones cromáticas en poblaciones de diferentes lugares, con variantes más claras y más oscuras.

La foca común es muy buena nadadora, pudiendo realizar inmersiones de hasta media hora y llegando a alcanzar profundidades que superan ligeramente los 400 m. Cuando nada en superficie, puede situarse en posición de botella, dejando salir al exterior la cabeza y parte anterior del cuerpo hasta las aletas. Se alimenta tanto de peces

La foca común es muy buena nadadora y capaz de mantenerse bajo el agua durante media hora. Cuando persigue a sus presas, llega a descender hasta unos 400 m de profundidad.

como de cefalópodos y de crustáceos y tiene como enemigos naturales principales las orcas, los tiburones y los osos polares.

Es un animal de hábitos gregarios, que suele congregarse en número elevado en playas y costas solitarias, si bien nunca se juntan cantidades tales que sus cuerpos se toquen directamente unos con otros. La posición en tierra de estas focas es bastante peculiar, pues elevan la cabeza y la cola, apoyándose únicamente sobre el vientre. Además, una agrupación de estas focas es mucho más silenciosa que la de otras especies, pues sus gruñidos son menos fuertes y frecuentes, aunque esta característica puede prestarse a confusión, al ser muy corriente que se junten en las playas y costas con focas de otras especies, como las focas grises.

Una de las épocas en que más se acercan a las costas es en julio y agosto, meses en que mudan por completo su pelaje.

Entre febrero y octubre se producen los apareamientos. La implantación del embrión es también diferida y la totalidad de la gestación dura unos 11 meses. Los retoños nacen entre los meses de febrero y julio, según la situación geográfica, adelantándose en áreas más meridionales. Es uno de los pocos casos de focas que puede llegar a nacer dos crías por parto, si bien es una situación muy poco habitual y, cuando sucede, la madre sólo se ocupa de una de ellas, dejando morir a la otra.

Las crías nacen con un tamaño bastante considerable si lo comparamos con el de otras especies de focas y sobre todo con las medidas de los progenitores, pues aquéllas miden unos 80 cm de longitud y pesan unos 10 kg.

La madurez sexual se alcanza entre el tercer y el sexto años de vida. La longevidad se ha estimado de entre 25 y 30 años en los machos y entre 35 y 40 años en las hembras.

Las focas comunes se reúnen a menudo con otras especies de focas, en especial las grises, cuando acuden a las playas.

La gestación en la foca común dura unos 11 meses, tras los que llega al mundo generalmente una cría. La lactancia dura un mes.

El nombre de foca de casco se debe al saco de piel que presentan los machos en la parte superior de la cabeza y que durante el período reproductor hinchan hasta el tamaño de un balón.

Foca de casco
(Cystophora cristata)

También conocida como **foca capuchina**, **foca crestada**, **foca de birrete** o **cistófora crestada**, presenta un color pardusco claro, completamente manchado en un entramado oscuro. Su nombre común le viene del engrosamiento de la piel de la cabeza que presentan los machos entre los ojos y el hocico, denominado bolsa nasal, que fuera de la época de celo apenas puede distinguirse, pero que en los momentos de galanteo inflan de manera extraordinaria formando una especie de pelota o vejiga roja, del doble tamaño que la cabeza del animal con la que atraen a las hembras y advierten a los demás machos de su fortaleza.

Es una foca de buen tamaño y cuerpo robusto, que mide hasta 2,6 m de longitud y pesa hasta 400 kg. La cabeza es más bien grande y en el hocico, completamente negro, se advierten unos bigotes sensoriales de tonalidad blanquecina.

Es un animal de hábitos solitarios, uniéndose en grupos sólo durante la época de celo, que tiene lugar en abril. Existen lugares específicos donde acude a aparearse: en la zona occidental de Groenlandia, en Jan Mayen, en Terranova y en el golfo de San Lorenzo. Entonces los machos inflan su bolsa nasal y la mueven en el aire para que todos los demás miembros del grupo la puedan ver. Para inflarla bloquean el orificio nasal izquierdo y soplan con el otro sacándola al exterior. Con esta exhibición las hembras quedan irremediablemente cautivadas y se evitan ciertos conflictos entre machos, pues el mero hecho de que uno de ellos ensalce su bolsa al aire es suficiente para que los demás entiendan su propósito de defender sus conquistas y el territorio con el que se ha hecho. En algunos casos, cuando existe similitud en dos rivales, se producen enfrentamientos violentos, que acaban con graves heridas de los contrincantes. En general, cada macho consigue la atracción de dos hembras, que acaban formando un grupo de tres que puede observarse descansando sobre los témpanos helados separado de otros grupos. Los apareamientos tienen lugar en el interior del agua.

La foca de casco es buena nadadora, pudiendo permanecer inmersa en el agua hasta períodos de 15 minutos. Se alimenta principalmente de peces y cefalópodos. Entre los meses de junio y agosto se produce la muda.

El nacimiento de las crías ocurre en marzo o abril, unos 11-12 meses después del apareamiento. La implantación es diferida y tarda unos 3 meses en producirse, por lo que el desarrollo embrionario es de tan sólo 8-9 meses. Las hembras se acercan a áreas de la franja costera donde las placas de hielo son delgadas y rompedizas. De esta manera evitan la presencia de osos polares, a los que se les hace muy difícil moverse por este terreno. Los cachorros nacen con un pelaje gris oscuro por el dorso y claro por el vientre, razón por la cual se les denomina «espaldas azules», y con una longitud de entre 87 y 115 cm y un peso de entre

20 y 30 kg. Además, al contrario de los adultos, el color de sus bigotes es negruzco.

Las crías son amamantadas sólo durante cuatro días, después son abandonadas y deben sobrevivir por sí mismas. Es el período de lactancia más corto entre los mamíferos, pero basta para adquirir las reservas necesarias para desarrollarse hasta el punto de desenvolverse por sí mismas. La tonalidad juvenil se conserva hasta al menos un año después, momento en que empiezan a aparecer las típicas manchas de los adultos, a la vez que el fondo se va aclarando. La madurez sexual se alcanza entre el tercer y el quinto años de vida en las hembras, mientras que los machos tardan un año más en hacerse adultos.

La foca de casco realiza largas migraciones hacia el sur para huir de las gélidas condiciones invernales del Ártico, aunque retornan cada verano a este mar en busca del alimento que ofrece.

Cada año se captura cierto número de ejemplares de esta especie para la obtención de su piel y su grasa, si bien esta explotación es muy inferior a la que se producía hasta la década de 1970.

Foca barbuda
(Erignatus barbatus)

También conocida como **foca barbada**, es otra especie presente en aguas árticas. A diferencia de la mayoría de las focas, permanece en el Ártico todo el invierno. Las aguas van congelándose a su alrededor y ella mantiene un agujero permanentemente abierto en el hielo para poder salir a respirar.

El nombre común le viene de unas largas vibrisas blancas muy aparentes en el hocico. Su cuerpo es muy alargado y de gran tamaño, hasta 2,5 m de longitud y 360 kg de peso, siendo en este caso las hembras mayores que los machos. Presenta una cabeza pequeña, pero muy robusta, provista de pequeños ojos y fosas nasales que forman una «V» muy abierta. La tonalidad de su piel es gris amarillenta o pardusca, más oscura en la zona dorsal y más clara por la ventral. Las extremidades anteriores, en forma de aleta como en todas las focas, son proporcionalmente muy cortas, cosa que aún amplifica la sensación de cuerpo alargado, y presentan todos los dedos de la misma longitud, lo que no sucede en otras especies de focas. Otro rasgo distintivo de esta especie, aunque se trata de una característica difícil de observar, es la presencia de cuatro mamas en lugar de dos y que además son retráctiles.

También, a diferencia del resto de focas, sus hábitos son más bien solitarios, formando grupos sólo en contadas ocasiones. Fuera del agua siempre se encuentra cercana a la orilla o a su agujero del hielo para poder meterse

Las aguas árticas se vuelven de un color característico en cada época, cuando las grandes masas de hielo se disgregan y forman multitud de icebergs de todos los tamaños o cuando la llegada de los fríos comienza a congelarlas, pasando por un estado intermedio.

La foca barbuda no abandona el Ártico con la llegada del invierno, sino que permanece allí todo el año, abriendo agujeros en el hielo para respirar.

rápidamente en el medio líquido a la más mínima señal de peligro.

Se alimenta fundamentalmente de invertebrados marinos, si bien ocasionalmente puede capturar algún pez. Para descansar dentro del agua se dispone en posición vertical, sobresaliendo a la superficie sólo la parte anterior del cuerpo. Sus principales enemigos naturales son las orcas y los osos polares.

El apareamiento se produce en abril y mayo en zonas meridionales. Tras este período, las focas barbudas se dirigen de nuevo hacia territorios árticos. Las crías nacen entre marzo y abril del año siguiente. Al nacer miden aproximadamente 1,3 m y pesan unos 35 kg. No nacen cubiertas de lanugo, pues lo pierden antes del parto, pero sí que presentan un largo y rizado pelo, de tonos oscuros y a veces con cuatro bandas transversales. Las madres las tienen sobre la superficie helada y son capaces de nadar en muy pocos días. La lactancia dura unas dos o tres semanas.

La madurez sexual se alcanza hacia el tercer año de vida en las hembras, mientras que los machos han de esperarse hasta el sexto o séptimo.

Durante muchos años fue cazada con fines comerciales y aún se hace hoy en día, si bien el número de muertes anuales por este motivo ha descendido mucho respecto a las décadas pasadas.

Foca gris (Haliochoerus grypus)

Se halla sólo en los mares del norte del Atlántico, bajando esporádicamente hasta las costas de Centroeuropa. Existen tres poblaciones bien diferenciadas: una en el Báltico septentrional, otra en las costas europeas del Atlántico Norte, bajando hasta las islas Británicas, y otra en las costas atlánticas de Norteamérica, llegando hasta el cabo Hatteras, al sur.

Es una especie de tamaño medio que llega a medir hasta 230 cm de longitud y a pesar hasta 300 kg. Su aspecto, sin embargo, es robusto, con una cabeza más alargada que otras especies y un hocico acabado en dos anchas fosas nasales muy aparentes. Las hembras son mucho más pequeñas que los machos, pesando sólo unos 180 kg.

Como su nombre indica, la coloración de la piel es grisácea, más clara en las zonas ventrales, con numerosas manchas claras irregulares por todo el cuerpo, aunque existen variaciones individuales y geográficas. Los machos van oscureciéndose con la edad.

Es buena nadadora, aunque no suele sumergirse más de cinco minutos en el agua. En superficie, puede ponerse en postura vertical sobresaliendo fuera del agua

La foca gris suele adoptar en el agua una postura característica, con el cuerpo vertical y sobresaliendo la cabeza.

la cabeza y parte superior del tronco (posición de botella). Su dieta está formada por peces, cefalópodos y crustáceos.

La foca gris es una especie que, comparada con otros pinnípedos, es de hábitos poco gregarios. Los ejemplares se concentran en la época de muda, entre marzo y junio, cuando se reúnen en playas y roquedos para desprenderse de la piel antigua y plagada de parásitos, y durante la época de celo, entre septiembre y marzo según la localidad geográfica. Entonces, los machos luchan entre sí para obtener los favores del máximo de hembras posible.

Las crías, que nacen al cabo de un año, entre 11 y 12 meses, miden hasta 1 m de longitud y pesan entre 11 y 20 kg. Vienen al mundo recubiertas de un lanugo, del cual se desprenden entre las dos y las cuatro semanas de vida. Las madres tan sólo amamantan a sus crías dos semanas y media, luego las abandonan. Entre cada toma también quedan solas y la madre las reconoce cada vez por el olfato. En sólo dos semanas el pequeño llega a los 30 o 40 kg de peso y empieza a perder su lanugo. Es el momento de empezar una nueva vida independiente de su madre. Entonces se lanza al agua y comienza a capturar las presas de las que se alimentará a partir de entonces.

Inmediatamente después del destete, las hembras vuelven a estar receptivas para los galanes que las esperan en sus territorios. Ambos se lanzan al mar para realizar la cópula y luego se separan. En un mismo celo una hembra puede aparearse con dos o más machos.

Las hembras llegan a la madurez sexual entre los tres y los cinco años de vida, mientras que los machos lo hacen entre los cuatro y los ocho. Entre sus principales enemigos se encuentran las orcas y algunas especies de tiburones.

Una gran diferencia entre los sexos

El **elefante marino del Pacífico** (*Mirounga angustirostris*), también conocido como **elefante marino ártico** o **foca elefante**, es el único representante de su grupo que se encuentra en el hemisferio norte, desde Alaska hasta la península de Baja California.

En esta especie se presenta un fuerte dimorfismo sexual, siendo los machos de un tamaño muy superior a las hembras, pudiendo llegar a medir hasta 5 m de longitud y a pesar 2,5 t, frente a los 2 o 3 m y 0,9 t de aquéllas. Además, los machos se diferencian por la presencia de un vistoso apéndice nasal, situado en la parte superior del morro y que ha servido para que recibieran el nombre común por el que se les conoce.

Es una especie de hábitos gregarios, que se agrupa para descansar en las orillas de las costas de los mares del norte. Se alimenta fundamentalmente de calamares que captura mientras nada con gran agilidad, aunque los peces también forman una parte importante de la dieta. Los elefantes marinos son grandes buceadores, pudiendo permanecer hasta una hora dentro del agua y descender a profundidades de 1.000 m.

Durante la época de cría se reúnen en islas cercanas al continente americano, desde San Francisco hasta la península de Baja California. Los machos se hacen con un determinado territorio de costa, que defienden de otros machos y en el que intentan atraer a las hembras receptivas. Tras un período de gestación de 11 meses, las hembras tienen una única cría que pesa entre 30 y 40 kg.

La lactancia se prolonga cuatro semanas, tras las cuales las madres abandonan a su suerte a los pequeños, que deberán permanecer todavía dos semanas

más en tierra firme, pues todavía no saben nadar. Durante ese tiempo viven de las reservas acumuladas durante el período de lactancia. Al mes y medio de vida ya son capaces de lanzarse al agua y empezar a capturar sus primeras presas. Los primeros meses de vida son los más duros para estos pequeños, y normalmente sólo uno de cada tres sobrevive hasta la edad adulta. Sus principales enemigos naturales son las orcas y varios tiburones. Algunos investigadores estiman que la longevidad de los machos es de unos 14 años, mientras que el de las hembras es algo superior, hasta 20 años.

Esta especie es propia de la costa occidental de Estados Unidos. A finales del siglo XIX, casi desapareció debido a la fuerte presión cinegética a la que se vio sometida. Se estimó que quedaba un centenar de individuos en total. En ese momento se dictaron normas de protección estrictas y gracias a ello se ha conseguido que en la actualidad sus poblaciones se hayan recuperado hasta niveles estables y aceptables. Se estima que hay unos 130.000 ejemplares.

Cetáceos

Son los mamíferos que han conseguido mayor adaptación al medio acuático. Tanto es así, que se encuentran completamente ligados a este medio, no pudiendo resistir mucho tiempo fuera del agua. Su cuerpo es fusiforme, de diseño hidrodinámico para poder avanzar en el interior del agua sin crear apenas rozamiento que los frene. Sus extremidades anteriores se han transformado en aletas y no pueden distinguirse los dedos. Las extremidades

El elefante marino presenta un considerable dimorfismo sexual, pues los machos son mucho más grandes que las hembras y, además, presentan un apéndice nasal muy llamativo. Son animales gregarios que se reúnen en las playas formando grupos numerosos. A finales del siglo XIX estuvo a punto de extinguirse, pero se ha logrado recuperar.

posteriores también se han transformado completamente, formando una verdadera cola, en la cual sólo quedan unos pequeños reductos óseos que muestran su origen.

Externamente tienen el cuerpo muy similar al de los peces, aunque pueden diferenciarse de ellos por la posición de la cola, que en los cetáceos se encuentra en un plano horizontal, mientras que en los peces es vertical. Interiormente la diferencia más importante es la presencia de pulmones, que conservan de sus antepasados terrestres y que les obligan salir a la superficie a respirar. En lugar de conductos nasales, los pulmones se comunican al exterior mediante el espiráculo, situado en la parte superior de la cabeza. A pesar de ello, pueden pasar largos períodos de tiempo en inmersión, pues su fisiología se ha adaptado muy bien al ahorro de oxígeno.

Para evitar el mal de los buceadores, en que las burbujas de nitrógeno disueltas en la sangre llegan hasta los capilares del cerebro afectándolos y produciendo embolias, los cetáceos se sumergen sin reservas de aire en los pulmones. Antes de la inmersión salen a respirar y cargan los músculos y otros tejidos de oxígeno, pero antes de descender hacia las profundidades vacían por completo los pulmones. Durante la inmersión utilizan el oxígeno acumulado en los músculos.

Desde la antigüedad, los cetáceos en general han sido uno de los grupos animales más admirados por el hombre. Su majestuosa apariencia y sobre todo la belleza de sus acciones han sido la razón por la cual de ellos se han llegado a explicar historias extraordinarias, humanizando al máximo su carácter, sobre todo en el caso de los delfines. Sin duda, la conducta gregaria y la tendencia a la socialización han ayudado a ello. En general, los cetáceos se comu-

La cola de los cetáceos se distingue fácilmente de la de los peces, pues es horizontal y no vertical. Es un potente órgano que les sirve para la natación y ayuda en los saltos fuera del agua.

nican mediante sonidos y, según describen los expertos, en este grupo animal parece ser que lo hacen a través de un verdadero código lingüístico, en que cada sonido tiene un significado distinto. Más aun, en el caso de las orcas incluso se ha descrito la diferencia de lenguas o idiomas entre diferentes grupos. También parecen tener sentimientos y una inteligencia excepcional.

Dentro del conjunto de los Cetáceos pueden distinguirse dos grandes grupos, considerados subórdenes, el de los Misticetos, que incluyen las grandes ballenas, y el de los Odontocetos, formado por los delfines, orcas y cachalotes.

Los Misticetos se caracterizan por carecer de dientes y en su lugar aparecen unas largas barbas de forma más o menos triangular, que se disponen alineadas una al lado de la otra en la mandíbula superior y cuya función es actuar de filtro en la alimentación. Las ballenas abren sus enormes bocas y recogen una gran cantidad de agua, luego cierran las mandíbulas hasta la altura de las barbas y la expulsan hacia fuera, filtrando todo lo que ésta contiene. Los pequeños peces y, sobre todo, crustáceos pelágicos que quedan retenidos en las barbas son su principal fuente de alimentación. Tienen dos orificios de respiración.

Por el contrario, los Odontocetos presentan dientes, aunque todos de un mismo tamaño y a veces sólo en la mandíbula inferior. Se alimentan de presas de mayor tamaño, como peces desde el tamaño de una sardina hasta grandes como atunes, pasando por cefalópodos, aves marinas e incluso otros mamíferos marinos, focas y crías de ballenas fundamentalmente. Pero sus dientes sólo sirven para sujetar a las presas y no para masticar, de ahí su poca especialización. Tienen un solo orificio de respiración.

Dentro del grupo de los Misticetos hay familias: la de los Balénidos, en la que se incluye la ballena franca o groenlandesa; los Estriidos, denominados comúnmente ballenas grises, y los Balenoptéridos o rorcuales, que se caracterizan por presentar surcos longitudinales en el área ventral.

Debido a su corpulencia, las ballenas han sido desde tiempos muy antiguos uno de los animales más valorados en la pesca. Cuando antaño las técnicas eran tradicionales, suponía un peligro muy pequeño para sus poblaciones, pero a finales del siglo XIX, los barcos más potentes y los arpones más eficaces estuvieron a punto de acabar con numerosas especies y con algunas lo consiguieron, como es el caso de la ballena gris del Atlántico.

Actualmente, todos los países, salvo Japón y Noruega, han firmado un compromiso de protección hacia los cetáceos, y su pesca comercial está prohibida. Aun así, muchas especies siguen en peligro de extinción, debido a la presión que se ejerce sobre ellas, unida al continuo aumento de contaminación en el mar y a la acción indirecta de la pesca, como sucede con muchos delfines que quedan atrapados en las redes de deriva destinadas a capturar peces, pero que acaban siendo una trampa mortal para ellos también.

La protección de las ballenas y el interés hacia estos animales ha hecho que proliferen las empresas dedicadas al avistamiento de estos cetáceos, que permiten conocer algo más de cerca sus extraordinarias cualidades.

El zifio calderón es uno de los representantes de los Odontocetos que podemos encontrarnos en las aguas árticas. Es muy gregario y suele formar grupos de hasta una veintena de individuos, que se alimentan de bancos de peces, cefalópodos y crustáceos.

La ballena de cabeza globosa

A pesar de que los reyes del Ártico son las grandes ballenas, pertenecientes al suborden de los Misticetos, también existen algunos representantes de los Odontocetos bastante comunes en estas frías aguas septentrionales. El **zifio calderón**, **calderón de aleta larga** o **calderón común** (*Globiocephala melaena*) es uno de ellos. Dentro de su grupo es uno de los representantes de mayor tamaño, pues puede medir hasta 8 m de longitud y pesar hasta 3,5 t, si bien la mayoría de los ejemplares tiene una talla menor. Los machos son mayores que las hembras.

Su rasgo más distintivo es la forma y el tamaño de su cabeza, completamente globosa, con una frente desproporcionada que sobresale muy vistosa y la ausencia de un hocico prominente, con la boca ligeramente dirigida hacia arriba. Su coloración es negra, excepto una pequeña mancha en el área ventral. Las aletas pectorales son muy largas, entre un 18 y un 27 % de la longitud total del cuerpo, y de forma puntiaguda. La aleta dorsal es pequeña, de base ancha y punta dirigida hacia atrás y situada en el tercio anterior del cuerpo. La aleta caudal carece de muesca medial.

El calderón es una especie muy gregaria. Habitualmente se unen entre diez y veinte individuos, pero ocasionalmente pueden agruparse hasta varios centenares. Siempre existe un gran macho que es el guía del grupo, al que siguen los demás individuos.

Se alimenta de peces que forman bancos, cefalópodos y crustáceos. Sus inmersiones de caza no suelen durar más de 10 minutos y aunque puede sumergirse hasta profundidades de 600 m, en general bucea en aguas mucho más someras, que raramente superan los 100 m. El calderón puede avistarse en superficie a gran distancia gracias a su soplo, o agua en forma de nube que expulsa cuando sale a respirar. Este soplo puede llegar hasta 1 m de altura.

Las hembras permanecen preñadas durante un período entre 12 y 16 meses. Las crías nacen con una longitud de unos 2 m y un peso aproximado de 75 kg. Su aleta dorsal se halla en una

Las belugas se identifican con rapidez en las frías aguas del Ártico, gracias a la blancura de su piel. Forman grupos reducidos que, mientras van nadando, llevan parte de la cabeza fuera del agua.

posición más cercana al centro de la espalda que en los adultos. Al ir creciendo, la posición irá quedando cada vez más adelantada. La lactancia es muy larga, prolongándose en ocasiones hasta el cuarto año de vida de la cría. Ello hace que la natalidad sea relativamente reducida, pues las hembras quedan preñadas una vez cada cinco años, aproximadamente.

La madurez sexual se alcanza en las hembras entre los 6 y los 9 años de vida, cuando miden alrededor de 4 m, y en los machos más tarde, entre los 12 y los 16 años, momento en que miden unos 5 m de longitud.

El calderón de aleta larga vive en el Atlántico Norte, acercándose en ciertas épocas al océano Glacial Ártico. En su extremo más meridional del área de distribución llega hasta las costas marroquíes, islas Canarias, Azores y golfo de Maine, y a gran parte del Mediterráneo occidental.

Esta especie ha sido objeto de explotación pesquera durante mucho tiempo en el Atlántico Norte. Actualmente su pesca está prohibida, salvo en lugares puntuales, en los que aún se sigue capturando, como en las islas Feroe, en que se cazan entre 1.000 y 2.000 ejemplares cada año. Pero este nivel de capturas no supone un serio peligro para la especie en general.

Una ballena de blanca piel

La **beluga** o **ballena blanca** (*Delphinapterus leucas*) es uno de los cetáceos más bellos del planeta. Su delicado aspecto le confiere una apariencia casi angelical, como si de un animal mágico se tratara. Pertenece a la familia de los Monodóntidos, que se caracterizan por presentar una dentición muy especial y carecer de aleta dorsal, aunque en este caso aparece un engrosamiento de la piel en su lugar. Además, las aletas pectorales son móviles y se encuentran ligeramente curvadas hacia arriba.

Su cabeza es ancha y globosa, con una frente prominente y un hocico ancho y corto. Presenta entre 8 y 10 dientes en cada lado de la mandíbula inferior. Puede medir hasta 5 m de longitud y pesar 1,5 t, si bien suelen ser de menor tamaño las hembras que los machos.

Las belugas son animales gregarios que viven en grupos reducidos, de 5 a 10 integrantes. Cuando a principios de verano el hielo se empieza a fracturar abriendo corredores marinos por los que pasar, las belugas se dirigen hacia el norte en busca de alimento. Al llegar al Ártico, se reúnen en grupos muy numerosos, de miles de individuos, tanto machos como hembras y sus crías, que se dirigen a unos cuantos estuarios escogidos. Es preciosa la imagen de los dorsos blanquecinos de estos animales resaltando sobre el azul profundo de la superficie del mar cuando salen a respirar durante su avance hacia estas someras costas. A diferencia de los delfines, esta especie saca la cabeza cuando nada.

Una vez dentro del estuario, a medida que el mar va ganando terreno a la tierra durante una subida de marea, las belugas van adentrándose más y más hacia la costa, donde el agua marina se mezcla con la del río endulzándose mucho. Nadan en aguas tan poco profundas que parece que vayan a embarrancar. En realidad, buscan frotarse contra el fondo, aquí pedregoso, para desprenderse de la capa de piel que es renovada en esta época, a la vez que se liberan de los parásitos. Pasan varios días e incluso

El cuerno de casi 3 m de longitud del narval, presente principalmente en los machos, no es más que un diente, uno de los dos únicos que posee, que se enrolla en espiral y crece de manera desproporcionada con respecto al otro, sobresaliendo de la boca.

semanas en estas aguas. Si la bajamar las sorprende y quedan varadas, no les ocurre nada, se limitan a esperar a que la marea vuelva a subir. Una vez acabado el período de desparasitación, retornan a aguas profundas.

Las belugas se alimentan principalmente de peces pequeños y medianos, aunque también se hacen con calamares y crustáceos. Una de sus presas favoritas es el bacalao ártico, que se concentra en densos bancos en verano. Los machos pueden sumergirse hasta 500 m, mientras que los jóvenes y las hembras poseen una capacidad pulmonar inferior, que sólo les permite hacerlo hasta los 350 m. En general, nadan en superficie saliendo a respirar cada minuto, si bien, cuando lo requieren, pueden permanecer hasta 15 minutos bajo el agua. Nunca dan saltos por encima de la superficie del agua, aunque suelen golpearla con fuertes coletazos.

Sus gruesos labios, que son muy flexibles, les permiten emitir una gran variedad de sonidos que muchos autores describen como verdaderos cantos, por lo que también han recibido el nombre común de «canarios del mar». Pero los sonidos que emiten estos animales tienen una frecuencia que no es posible percibir con el oído humano, por lo que se requieren aparatos especiales para escucharlos.

En abril o mayo se inicia el período de celo. Después del apareamiento, la hembra permanece preñada durante unos 14 o 15 meses, de modo que las crías nacen entre julio y agosto del año siguiente. En general nace una sola cría por parto, aunque muy ocasionalmente se dan casos de gemelos. Las pequeñas belugas nacen con una longitud aproximada de 1,5 m y pesan unos 80 kg.

Habitan preferentemente aguas cercanas a la costa en latitudes muy septentrionales, siendo raros los casos de avistamientos por debajo de los 45° de latitud.

El unicornio de los mares

El **narval** (*Monodon monoceros*) es uno de los mamíferos marinos más fáciles de reconocer por el enorme cuerno de la parte anterior del cuerpo, que se halla en los machos y que puede llegar a medir hasta casi 3 m de longitud. Algunas hembras también lo presentan, si bien en ellas es de un tamaño muy inferior. Este cuerno no es más que uno de los dos únicos dientes que posee, que se ha desarrollado extraordinariamente, enroscándose sobre sí mismo hacia la izquierda formando una larga daga de contorno espiral. Esta cuerna surge del lateral izquierdo de la mandíbula superior. Muy ocasionalmente, puede suceder que también crezca un segundo cuerno en el lado derecho de la mandíbula, por lo que en estos casos los ejemplares presentan doble cuerno. En este caso el cuerno también se enrolla hacia la izquierda.

Junto con la beluga, es un representante de la familia de los Monodóntidos.

El cuerpo de los narvales es muy grueso, de hasta 5 m de longitud y de un peso de 1.600 kg, si bien los ejemplares suelen ser de menor tamaño, sobre todo las hembras. Su aleta dorsal es desproporcionadamente pequeña respecto al cuerpo. La coloración es grisácea, más clara por la zona ventral, donde aparecen pequeñas manchas oscuras irregulares. A medida que los ejemplares van envejeciendo, también van aclarando su pigmentación, hasta acabar casi blancos.

Viven en grupos de entre una pareja y una veintena de ejemplares, existiendo grupos de machos de edades similares y grupos de hembras con sus crías. A veces pueden unirse varios centenares para formar una gran manada.

El narval vive en los alrededores del Ártico, adentrándose en él durante los meses de junio o julio, cuando el deshielo ya está avanzado, y puede penetrar en los corredores de agua en busca de territorios de caza. En primer lugar llegan las hembras con sus retoños. Los machos lo hacen algunos días después.

Su forma de nadar es pausada, pudiendo sacar la cabeza fuera del agua y golpear con sus aletas y cola la superficie del agua, pero no realizando saltos acrobáticos típicos de otras especies. Los machos, al salir del agua, sacan por completo el cuerno. Pueden permanecer bajo el agua hasta 20 minutos y descender hasta profundidades notables, de varios centenares de metros. Su dieta se basa en peces, cefalópodos y camarones.

El narval es exclusivo de las aguas del Ártico y rara vez desciende a latitudes inferiores. La gestación es de 14-15 meses y nace una única cría, mientras que la lactancia se prolonga durante 20 meses.

Las ballenas de hocico

El **calderón de hocico boreal** (*Hyperoodon ampullatus*) es un representante de la familia de los Zífidos, que se caracterizan por presentar un cuerpo compacto, un pico bastante diferenciado, la aleta dorsal pequeña y situada en una posición muy posterior, las aletas pectorales de pequeño tamaño y la aleta caudal carente de muesca medial. También presentan pliegues ventrales y sólo los machos poseen a veces dientes, que aparecen como máximo en número de dos.

El calderón de hocico boreal es un zífido de buen tamaño, que puede medir hasta 10 m de longitud y pesar hasta 7,5 t, siendo los machos bastante mayores que las hembras. Su coloración es muy oscura, de tonalidades grises azuladas o pardas, con reflejos amarillentos. Presenta una cabeza ancha y abombada en la frente, mucho más pronunciada en los machos, que muestran una coloración algo más clara. El pico es muy agudo y en la mandíbula inferior de algunos machos pueden aparecer uno o dos dientes, uno situado en la parte más anterior de la maxila y que es más grande, y otro algo más retrasado, más pequeño.

Vive de forma solitaria o formando grupos reducidos de hasta una treintena de ejemplares. Su dieta se basa en calamares y otros invertebrados y peces.

Esta especie puede verse en aguas árticas en verano, mientras que en invierno suele bajar a latitudes inferiores más cálidas. Puede avistarse desde lejos pues su soplo se eleva unos 120 cm hacia arriba. Para captar oxígeno antes de una inmersión se pasa unos 10 minutos soplando a intervalos de unos 30 segundos. Cuando ya tiene los tejidos bien oxigenados, inicia la inmersión, desapareciendo bajo la superficie.

En primavera tienen lugar la época de celo y los apareamientos. La gestación dura un año entero, tras el cual las hembras traen una sola cría al mundo. Ésta nace con unos 3,5 m de longitud y un peso aproximado de 300 kg. La lactancia se prolonga varios meses.

El calderón de hocico boreal se encuentra protegido legalmente desde 1977, ya que sus poblaciones habían disminuido mucho a causa de la fuerte persecución pesquera a la que estaba sometido.

Un mito de los océanos

La **ballena gris** (*Eschrichtius gibosus* o *Eschrichtius robustus*) es exclusiva de las aguas árticas y la única representante de su familia, los Escrictiidos. Llega a medir hasta 15 m de longitud y a pesar hasta 35 t. La característica más distintiva es que presenta entre dos y cuatro surcos en la parte inferior de la garganta. La cabeza es relativamente pequeña y alargada y se curva ligeramente hacia abajo a partir de los espiráculos de respiración, que en este caso se presentan en número de dos. La boca es ligeramente curvada, mucho menos que en las ballenas francas y otros rorcuales. Carece de aleta dorsal, aunque en su lugar aparecen varias jorobas situadas en la parte final del dorso. La coloración es gris pizarra, de ahí su nombre popular, moteada con manchas irregulares, sobre todo en los ejemplares adultos y añosos, en que las múltiples cicatrices hacen desaparecer el color original por una tonalidad más clara.

Avistarla es bastante difícil por sus escasos efectivos y porque presenta un chorro poco visible, aunque ocasionalmente puede elevarse hasta los 6 m de altura. Sin embargo cuando se percata de la presencia de un barco, se dispone en vertical, sacando la parte anterior del cuerpo, para observar lo que ocurre a su alrededor, resistiendo en esta posición hasta medio minuto. Ocasionalmente, puede realizar saltos fuera del agua, aunque en ellos sólo sobresale la mitad superior del cuerpo, que cae lateralmente levantando una gran cantidad de agua.

La ballena gris pasa los meses estivales en aguas septentrionales, en los mares de Bering y de Chukchi, bajando de latitud, hasta aguas californianas y mexicanas, en cuanto se acerca el invierno, a finales de septiembre. La migración la realiza bordeando la costa, a unos 10 km de distancia de ella. En general viajan entre dos y cinco ejemplares juntos.

Los apareamientos y la cría se producen en invierno, principalmente en la bahía de Magdalena y Scammon y en las lagunas de San Ignacio y Guerrero Negro, en California. Cuando una hembra ha tenido un ballenato, tarda varias semanas en comenzar de nuevo su viaje migratorio hacia el norte, pues espera que su pequeño sea lo suficientemente fuerte para soportar el trayecto. En cualquier caso, las últimas ballenas en migrar hacia el Ártico lo hacen hacia finales del mes de marzo.

Cuando detecta la presencia de un barco, la ballena gris suele adoptar una posición vertical para poder observar bien sus alrededores. Es una especie escasa que sólo vive en las aguas del Ártico.

Son numerosas las especies de cetáceos, entre ellas muchas ballenas, que realizan espectaculares saltos fuera del agua, desplomándose después con estrépito y levantando una columna de espuma. Se desconoce la razón exacta de este comportamiento.

La dieta de estos gigantes se basa en los crustáceos de la columna de agua y de los sedimentos marinos que capturan succionando el suelo y presionando la lengua contra el paladar para que las pequeñas presas queden atrapadas entre sus barbas. Después las engullen. A veces capturan pequeños peces.

Las hembras tienen una única cría por parto. El período de gestación dura aproximadamente un año y el período de lactancia unos ocho meses, lo que hace que las hembras sólo se reproduzcan una vez cada dos años. Es frecuente ver una madre con dos crías de diferentes edades, pues los pequeños suelen abandonar a su progenitora hacia el tercer o cuarto años de edad. La madurez sexual se alcanza a los 8 o 9 años de vida.

Es una especie original del norte del océano Pacífico, aunque también se hallaron ejemplares en el Atlántico Norte, según avistamientos muy antiguos. Sus efectivos son tan escasos, que algunos autores afirman que se ha extinguido. De hecho, este animal fue muy frecuente antes del siglo XIX, pero las constantes capturas balleneras hicieron bajar sus efectivos hasta la práctica aniquilación. La región del Pacífico Oriental fue declarada protegida durante la década de 1970, lo que colaboró en la recuperación de muchas especies, incluida la ballena gris. La recuperación de sus poblaciones hizo que en 1994 fuera quitada de la lista de especies en peligro.

Un poblador permanente del Ártico

La **ballena groenlandesa** o **ballena franca** (*Balaena mysticeus*) es el único gran cetáceo que permanece todo el año en aguas árticas. También tiene el honor de ser uno de los mayores animales del mundo, pues mide hasta 24 m de longitud y pesa hasta 100 t, siendo las hembras mayores que los machos. La cabeza supone un tercio del total del cuerpo y las láminas de sus barbas son muy largas, hasta 5 m de longitud, y negras. La línea de la boca se halla muy arqueada en su tramo posterior y en total presenta entre 250 y 350 láminas dispuestas en dos filas que caen desde la mandíbula superior. La garganta y el vientre son lisos, carentes de los profundos surcos característicos de los rorcuales. La aleta caudal es enorme, mientras que la dorsal prácticamente no existe. Las pectorales son muy largas y con forma de remo. Su color es oscuro, casi negro en el dorso y grisáceo en el vientre. Aparecen dos manchas claras en el mentón y en la base de la cola.

El cuerpo está completamente rodeado de una gruesa capa de grasa que le ayuda a aislar su temperatura interna de la del agua, que en ocasiones puede llegar a ser hasta 40 °C más fría.

Es una especie solitaria, que sólo va en parejas cuando se trata de una madre acompañada por su retoño. A veces pueden verse animales en grupos más o menos grandes. Su velocidad de crucero es más bien lenta y puede sumergirse hasta 40 minutos y a unos 1.500 m de profundidad.

En muchas ocasiones nada por debajo de la capa de hielo aprovechando los agujeros que nunca se cierran debido a las fuertes corrientes marinas, y por donde sale a respirar. Pero en invierno la solidificación de la superficie puede producirse de una manera muy rápida y algunos ejemplares queden atrapados en una de estas aberturas, de la cual no pueden moverse porque acabarían ahogados. Esto puede suponer una larga y penosa muerte para estos titanes, a los que las reservas les duran unos meses, pero al final se agotan y perecen de inanición. En ciertas épocas del año realizan piruetas fuera del agua, golpeando la superficie con las aletas y la cola y efectuando espectaculares saltos.

En general, permanece en la superficie entre 1 y 3 minutos, en los cuales realiza entre 4 y 6 soplos. Después se sumerge. Al hacerlo deja ver su enorme cola, que puede avistarse a gran distancia. Además, cuando sale a respirar, produce un gran soplo en forma de «V».

La principal fuente de alimentación de esta ballena es el krill. Durante los ricos meses estivales debe acumular reservas para vivir durante los meses de invierno, en los cuales el alimento se vuelve muy escaso.

Los apareamientos se producen en enero o febrero, y la gestación dura entre 12 y 14 meses. Las crías, al nacer, miden entre 4 y 5 m de longitud y pesan 1 t y se alimentan de leche materna hasta el año de edad. La madurez sexual parece alcanzarse en las hembras cuando alcanzan unos 14 m y en los machos cuando miden unos 11 m. Las hembras tienen una cría cada dos o tres años.

Es una especie en peligro de extinción, estimándose su población total en unos pocos cientos de animales. El punto crítico hasta el que han llegado es fruto de la constante persecución por parte de los buques balleneros durante varios siglos.

La ballena de enorme cabeza

La **ballena franca septentrional** (*Eubalaena glacialis*), también conocida como **ballena vasca** o **ballena negra**, es algo más pequeña y menos robusta que la ballena franca. Su cabeza también ocupa una tercera parte del total de la longitud de su cuerpo, que puede medir hasta 18 m de longitud y pesar 75-80 t. Su coloración es negra, salvo pequeñas manchas blanquecinas en la zona ventral, y se distingue de su pariente de Groenlandia por poseer una serie de callosidades muy aparentes en el área de la cabeza. Estas callosidades no son uniformes en todos los individuos, lo que permite la identificación personal de los mismos en los estudios.

Son frecuentes los parásitos externos que recubren la piel de las ballenas, como en el caso de esta ballena vasca, cubierta de gran número de cirrípedos.

Es una especie que suele viajar en parejas o pequeños grupos, si bien en ocasiones se agrupa más de medio centenar de individuos que viajan formando una espectacular manada. Aunque más propia de los mares templados de la franja media de la costa americana del Atlántico, en la bahía de Fundy en verano y en la de Georgia en invierno, esta especie también se acerca ocasionalmente a aguas de la costa oriental del Atlántico y a zonas boreales.

Puede confundirse con la ballena groenlandesa por su tamaño y coloración similares y por presentar un soplo con forma de «V».

Un rorcual circumpolar

El **rorcual norteño** (*Balaenoptera borealis*), también conocido como **rorcual de Rudolphi**, es otro de los visitantes de las aguas boreales, si bien pocas veces se adentra en ellas, permaneciendo preferentemente en sus inmediaciones. Pertenece al grupo de los rorcuales, que se diferencian de las verdaderas ballenas por presentar profundos surcos longitudinales que nacen en la garganta y se prolongan hasta la zona ventral. Estos surcos, también conocidos como pliegues ventrales, permiten una gran dilatación de la mandíbula mientras se alimentan.

El cuerpo del rorcual norteño, aunque de dimensiones considerables, hasta 18 m de longitud, es bastante más esbelto que el de otras ballenas, pues difícilmente supera las 30 t de peso. Las hembras son mayores que los machos. La piel es de una tonalidad gris oscura azulada, con la zona dorsal clara y las puntas de las aletas pectorales negras, pudiendo presentar manchas claras que no son más que cicatrices del ataque de algunos tiburones o las marcas dejadas por algunos parásitos.

Las hembras del rorcual aliblanco son de mayor tamaño que sus compañeros. Son ballenas que nadan con rapidez y viven en parejas o, a lo sumo, formando tríos, aunque a veces coincide un mayor número de individuos en las zonas donde se alimentan.

Vistos de lejos, los rorcuales realizan un soplo único y vertical, muy fácil de diferenciar del de las ballenas francas (en forma de «V»). Los soplos se realizan en períodos de 20-30 segundos, prolongándose hasta 4 minutos antes de que el ejemplar vuelva a sumergirse. No suelen permanecer en inmersión más de 20 minutos y se piensa que no bajan a mucha profundidad. Normalmente, en superficie no realizan saltos y al sumergirse no sacan la cola fuera del agua.

La época de celo se produce en invierno. Las hembras permanecen preñadas unos 11 meses, después de los cuales traen al mundo una única cría de unos 4,5 m de longitud y cerca de 750 kg de peso. La lactancia dura alrededor de siete meses, tras los que el pequeño debe aprender a alimentarse por sí mismo, aunque no es automáticamente abandonado por su madre, sino que sigue con ella varios meses más. La madurez sexual se alcanza hacia el décimo año de vida, cuando las hembras miden 13,5 m y los machos 13 m. Cada hembra suele tener una cría cada dos o tres años.

Ballena de cuerpo esbelto

El **rorcual aliblanco** (*Balaenoptera acutorostrata*) es otra especie presente en verano en las aguas del Atlántico septentrional y el océano Glacial Ártico. El resto del año migra hasta latitudes más meridionales en busca de aguas cálidas, aunque muy raramente llega hasta aguas tropicales.

Es una especie mediana, de hasta 10 m de longitud y 10 t de peso, siendo las hembras mayores que los machos. Su cuerpo es muy alargado y esbelto, con la cabeza acabada en punta. Las barbas se presentan en número de entre 230 y 360 en cada lado de la mandíbula superior y son de una tonalidad amarillenta, con manchas castañas. El vientre está atravesado por 30 a 70 pliegues, que se prolongan hasta pocos centímetros por detrás de las aletas pectorales. A veces puede confundirse con el rorcual norteño pues sus formas y colores son similares, pero se diferencia de él por las franjas blancas de las aletas pectorales y de detrás de la cabeza, que destacan sobre el fondo gris oscuro. Otro rasgo distintivo es la posición de la aleta dorsal, falciforme y que se sitúa en una posición más posterior que en su pariente, en el último tercio posterior del cuerpo. La aleta caudal es muy ancha.

Es un nadador relativamente veloz y puede permanecer en inmersión hasta 20 minutos. Para respirar utiliza períodos de entre 3 y 8 minutos, en los cuales realiza entre 5 y 8 soplos, que son muy flojos y apenas levantan algo de espuma. Cuando sale del agua, el rorcual aliblanco saca el aventador y la aleta dorsal prácticamente al mismo tiempo, lo que

La ballena xibarte es conocida por los espectaculares saltos que realiza, enlazando a menudo varios sucesivos. Vive formando grupos de 3 a 20 ejemplares, que nadan cerca de la costa y que en ocasiones se adentran por los grandes ríos, remontándolos.

difiere del rorcual norteño, que primero saca el aventador y después la aleta dorsal. No se conoce con seguridad la profundidad a la que puede descender, pero se cree, considerando los restos de alimento encontrados en su estómago, que no suele superar los 50 m. Los investigadores que estudian esta especie pueden diferenciar a los individuos por la forma y la posición de las manchas blanquecinas de la espalda, que son distintas en cada ejemplar. Algunos de ellos son relativamente curiosos y se acercan a las pequeñas embarcaciones para observarlas.

Los rorcuales aliblancos en general se agrupan en parejas o, como máximo, en tríos. Sólo en los lugares a los que acuden a alimentarse pueden aparecer grupos más numerosos, pero que al acabar su cometido vuelven a separarse. Su dieta está formada por peces y crustáceos pelágicos.

Los apareamientos se producen a finales de invierno y principios de primavera y la gestación dura aproximadamente un año. También en primavera nacen las crías, que vienen al mundo con una longitud de unos 2,5 m y un peso de unos 350 kg. La lactancia dura hasta medio año, tras el cual el pequeño empieza a alimentarse por sí mismo. Los jóvenes alcanzan la madurez sexual entre los 6 y los 8 años de vida, las hembras cuando superan los 7 m de longitud y los machos cuando llegan hasta los 6,5 m. Por norma general, las hembras traen al mundo una cría cada dos años, si bien se han dado casos de un alumbramiento por año.

Esta especie se encuentra en una situación delicada, ya que la continua presión pesquera está acabando con los efectivos.

La ballena de largas aletas

La **ballena xibarte** (*Megaptera novaeangliae*), también conocida como **jibarte**, **yubarta** o **ballena jorobada**, tiene dimensiones medianas, pues los ejemplares mayores pueden medir hasta 15 m de longitud y pesar un máximo de 30 t. Su garganta y la parte anterior del vientre se encuentran atravesadas por 14 a 35 profundos surcos longitudinales, lo que la incluye en el grupo de los rorcuales. La cabeza es poco voluminosa comparada con la de otras ballenas, y las láminas de las barbas, que aparecen en número de 270-400 por cada lado del maxilar, son relativamente cortas, de hasta 1 m de longitud.

En cambio, las aletas ventrales son muy largas, alcanzando hasta un quinto de la longitud del cuerpo. En la cabeza, el vientre y las aletas hay numerosos engrosamientos de la piel que recuerdan a grandes verrugas o tubérculos y que son uno de los rasgos distintivos de esta especie.

La aleta dorsal es muy pequeña y está situada en el tercio posterior del cuerpo. Su coloración es negra por el dorso y blanquecina por el vientre y las aletas ventrales, con manchas claras irregulares por todo el cuerpo. A veces la parte inferior de la cola es completamente negra y en otras, al

Las hembras de ballena xibarte traen al mundo a sus crías en las mismas aguas donde tuvo lugar el apareamiento. La lactancia se prolonga por espacio de un año. La madurez sexual se alcanza entre el cuarto y el sexto años de vida.

contrario, del todo blanca, siendo lo más frecuente un grado intermedio, negro y blanco, y la coloración de esta parte del cuerpo es uno de los criterios de identificación individual más importantes. Además, el borde posterior de la aleta caudal está irregularmente recortado, cosa que no sucede con otras especies de cetáceos.

En general, la xibarte nada muy lentamente y de manera pausada, muy cerca de la superficie. Cuando respira emite entre 4 y 10 soplos visibles a larga distancia, pues la columna de agua que levantan mide unos 3 m de altura. Entre soplo y soplo pasan unos 20-30 segundos. Una vez ha cargado sus reservas de oxígeno en los tejidos, se sumerge a poca profundidad durante 3 a 7 minutos. Cuando quiere sumergirse hacia el fondo arquea el cuerpo dejando ver la aleta caudal antes de desaparecer dentro del agua. Puede bajar hasta varios centenares de metros de profundidad.

La dieta se basa en peces, calamares y krill. Su técnica de caza es muy especial entre las ballenas, pues nada por debajo de los bancos de estos animales soltando multitud de burbujas que hacen que los peces se concentren más. Las pequeñas presas, rodeadas por paredes de burbujas, nadan frenéticamente dentro de una zona muy reducida y entonces son capturadas con la enorme boca del cetáceo, que se abalanza sobre ellos con las fauces bien abiertas. Posteriormente, empuja la lengua hacia las barbas y el agua sale a través de ellas, quedando las presas dentro de la boca, para ser rápidamente engullidas.

Durante la época de celo, las xibartes se reúnen en lugares específicos de apareamiento, situados en aguas poco profundas de Puerto Rico y Haití. Los machos realizan entonces espectaculares demostraciones para atraer a las hembras. Pican la superficie del agua con sus aletas caudales y pectorales y realizan saltos fuera de la misma que son de los más espectaculares entre los cetáceos. Se han contabilizado hasta 60 saltos por ejemplar en una misma demostración. Como reclamo hacia las hembras, también realizan cantos específicos que parece que varían ligeramente cada año. La cópula se efectúa en posición vertical, situado el macho frente a la hembra, con los vientres tocándose y con las colas de ambos miembros de la pareja fuera del agua.

Las hembras permanecen preñadas durante 11 meses, tras los cuales nacen las crías con una longitud de unos 4,5 m y un peso de 1 t.

La Antártida, continente de los pájaros bobos

Los pingüinos o pájaros bobos son aves exclusivas del hemisferio austral, que constituyen la imagen arquetípica de la Antártida.

Alrededor de la Antártida se extiende una serie de islas que son un paraíso para numerosas aves marinas, como estos cormoranes.

Un continente lleno de sorpresas

◆ ◆ ◆ ◆ ◆

A diferencia de lo que conocemos como polo norte, que es una extensa masa de hielo que flota sobre el océano Ártico, la Antártida es un continente cubierto en casi el 99 % de su superficie por una espesa capa de hielo de un espesor medio de 2.500 m. Esto hace que ambos polos, aunque similares en algunos aspectos, difieran mucho en otros varios.

El continente ocupa unos 14 millones de kilómetros cuadrados y agrupa a su alrededor varias islas de dimensiones variables. Una característica importante es la llamada Convergencia Antártica, una zona de unos 40 km de anchura donde confluyen las aguas frías procedentes de las costas del con-

El polo sur se encuentra situado en el continente antártico, de variado relieve con valles y grandes montañas, aunque cubierto de una gruesa capa de hielo, al contrario que el polo norte, que aparece en el océano Antártico, formando un casquete de hielo.

tinente con las más cálidas que llegan del norte. Las primeras se deslizan por debajo de las segundas, lo cual no sólo hace que las temperaturas superficiales varíen notablemente a ambos lados de esta línea, sino que también lo haga la composición química, todo lo cual desempeña un papel esencial para el desarrollo de la vida marina.

La Antártida tiene un amplio pasado geológico y hace unos 280 millones de años se hallaba en el mismo lugar que en la actualidad, formando parte del gran continente de Gondwana. Comenzó entonces un lento viaje, la deriva continental, que lo llevó por diversas áreas alejadas del polo sur geográfico. Parte de su viaje lo realizó en unión de las restantes tierras australes. Hace unos 160 millones de años, ese gran continente del sur comenzó a resquebrajarse, y la Antártida, Madagascar, India y Australasia iniciaron un lento viaje que las fue alejando de África y América del Sur.

De este modo, las aguas penetraron por la brecha formada y surgió el Atlántico Sur.

Hace unos 60 millones de años, la Antártida quedaba ya separada de sus compañeros de viaje y mientras que India y Australasia (la última en separarse) se desplazaban lentamente hacia el norte, el gran continente helado tomó la ruta que lo conduciría de nuevo a la posición que ocupa en nuestros días.

El clima antártico en aquella época había perdido los elementos cálidos que permitieron con anterioridad el desarrollo de una gran vegetación tropical, y las temperaturas descendieron. Aun así, crecían los bosques y otras muchas formas botánicas cubrían el resto del territorio. La fauna era igualmente rica. Pero el desplazamiento hacia el sur y los cambios generales en la climatología del planeta hicieron que hace unos 25 millones de años toda esa vegetación hubiera sucumbido y que gran parte de la Antártida apareciera cubierta por los hielos.

La Antártida presenta un relieve variado, con cadenas montañosas, entre las que destacan las montañas Transantárticas, con una cota máxima de 3.500 m sobre el nivel del mar. Algunos de estos picos sobresalen entre el hielo, pero mayori-

Cuando llega el verano austral, parte de la gran masa de hielo que rodea a la Antártida comienza a deshelarse y se desprende en forma de icebergs.

tariamente quedan sumergidos en él. La enorme masa de hielo alcanza su máximo espesor en el centro del continente, donde forma una amplia meseta con una altura superior a 4.000 m sobre el nivel del mar.

Esta capa de hielo se ha ido formando a lo largo de millones de años, pues las precipitaciones son en general escasas, acumulándose en las áreas costeras y disminuyendo hacia el centro, donde presentan un régimen en cuanto a cantidades y frecuencia similar al de los grandes desiertos del planeta. Pero las bajas temperaturas hacen que los escasos copos que caen de modo ocasional permanezcan allí y acaben convirtiéndose en hielo.

Varios son los elementos que configuran el paisaje antártico. Uno de ellos son los glaciares, los mayores del mundo, como el Lambert, que atraviesa las montañas Príncipe Carlos y tras recorrer 400 km desemboca en la bahía de Prydz, donde descarga cerca de 35 km^3 de hielo, y el Byrd, que procede de las montañas Transantárticas y descarga unos 18 km^3 de hielo en la Barrera de Ross.

Un tipo de paisaje antártico que supone un porcentaje muy reducido del total de la superficie del continente y que apenas es conocido por el gran público, pero que posee un gran interés científico, es el de los oasis y valles secos, pequeñas extensiones de terreno donde la sequedad es tan extrema, que no hay ni nieve. Allí se encuentran a veces los cadáveres momificados de alguna foca extraviada. Algunos son valles ocupados por antiguos glaciares y, según han podido comprobar los científicos, no ha caído allí ni una gota de agua al menos en los dos últimos millones de años. En varios de ellos existen pequeños lagos salinos, cuya superficie permanece helada gran parte del año, pero esta capa de hielo actúa a modo de lente y concentra el calor solar, con lo cual en el fondo, a

A pesar de que sea la fauna la forma de vida más manifiesta en la Antártida, como este pájaro bobo, el continente helado también posee una flora escasa pero importante, donde los líquenes y los musgos ocupan una posición dominante en los lugares que se deshielan brevemente en verano.

cerca de 75 m de profundidad, se llegan a alcanzar temperaturas del agua de 25 °C. Esto hace posible la vida de numerosas especies de invertebrados acuáticos.

Casi toda la costa del continente está inmersa en la masa de la placa helada, salvo cerca de un 5 %, donde afloran las rocas. Estos pequeños espacios libres permiten el desarrollo de una flora y una fauna de gran interés, adaptadas a unas durísimas condiciones donde se alternan los rápidos cambios de temperatura con las borrascas y los fuertes vientos, la escasez de nutrientes y de agua, pues ésta sólo es utilizable por los vegetales en forma líquida.

En la flora antártica dominan los líquenes y musgos, entre los macrófitos o plantas visibles, y los hongos, las algas y diversas bacterias, entre las especies microscópicas. En cuanto a las plantas con flor, sólo pueden citarse unas pocas especies herbáceas, que completan su ciclo vital durante el breve verano de estas regiones.

La fauna más conocida de las tierras antárticas son las aves marinas, los pájaros bobos y las focas, amén de los peces y cetáceos que abundan en sus aguas circundantes. Pero también existe una microfauna de gran interés, formada por rotíferos, tardígrados, nematodos y artrópodos. Algunos se alimentan de hongos microscópicos y algas, así como de restos vegetales, mientras que otros son cazadores o se nutren de los cadáveres de vertebrados que quedan siempre a la orilla.

Los pájaros bobos

◆ ◆ ◆ ◆ ◆

Conocidos popularmente como **pingüinos**, constituyen un grupo de aves peculiares que han perdido por completo la capacidad de vuelo y que se han adaptado, con notable éxito, a la vida en las aguas marinas.

Constituyen un orden propio, el de los Esfenisciformes, que agrupa a todos ellos en una única familia, que indica el grado de parentesco que poseen entre sí todas las especies vivientes. Surgieron por el Eoceno Superior, hace unos 45 o 50 millones de años. Se inició entonces una evolución, en el curso de la cual han ido desapareciendo numerosos géneros, hasta dar el conjunto actual, que engloba unas 18 especies, distribuidas por los mares australes, de manera predominante en las aguas antárticas y sus proximidades.

Para el joven pájaro bobo, la única posibilidad de sobrevivir a los rigores del clima es permanecer en el interior de la bolsa formada por el plumaje y la parte inferior del vientre de sus padres.

Los primeros pájaros bobos conocidos de esa época eran ya en cierta medida similares a los actuales, aunque había especies de mayor tamaño que las que conocemos hoy, y tanto las aletas como las patas eran más grandes que en la actualidad. Los más antiguos no presentaban todavía las alas configuradas como aletas y parece que podían realizar pequeños vuelos. El proceso de transformación debió de iniciarse algún tiempo antes, aunque no quedan restos fósiles que lo demuestren, en la época en que el conjunto de las aves iniciaba su evolución hacia las formas modernas. Por los datos disponibles se sabe que los pájaros bobos se encontraban ya al comienzo de su evolución distribuidos por las mismas áreas que ocupan en la actualidad, por lo que hemos de considerarlos como especies netamente australes, que carecen de representantes en las aguas del hemisferio norte.

Una perfecta adaptación al medio acuático

Poseen unas características que les han permitido dominar el medio extremo en que se les encuentra en nuestros días. Una de ellas es su plumaje, muy compacto y denso, formado por plumas de pequeño tamaño. Forma así una cubierta impermeable, con una capa de aire que aísla al animal perfectamente del exterior, permitiéndole mantener su temperatura corporal constante a pesar del frío antártico. Por debajo de esta capa de plumas aparece otra de plumón.

El colorido general de todas las especies presenta una intensa tonalidad negra por las partes superiores y dorsales, claramente delimitadas de las inferiores y ventrales, que son blancas. Aparecen en algunos de ellos también otras zonas del cuerpo, principalmente la cabeza, con plumas de otros colores o zonas de piel también de diferente cromaticidad, y que son rasgos diferenciadores que sirven para distinguir unas especies de otras.

Los polluelos nacen cubiertos de un denso plumón, en general blanco, que puede ir adoptando después distintas tonalidades, con predominio de los grises. Según las especies, en algunos aparecen también máscaras negras y zonas del cuerpo más acentuadas, aunque en todo caso diferentes de las que caracterizan a los ejemplares adultos. Este plumaje es muy denso y les permite mantener su temperatura corporal, pero no es impermeable, por lo que han de esperar a la última muda en que adquieren el plumaje propio de los adultos, que les permitirá realizar sus primeras inmersiones. El momento de finalización de esta muda marca también el fin del período de permanencia en las guarderías y el inicio de la vida independiente.

Por debajo del plumaje poseen también una capa de tejido graso, más o menos gruesa en función del estado de nutrición del animal, que desempeña igualmente una importante función protectora, aislándolo del exterior, así como de reserva, que les permite sobrevivir a largos períodos de ayuno, como los que tienen lugar durante la época de cría o en los períodos más fríos del invierno, cuando los fuertes temporales de la Antártida les impiden salir a pescar.

El conjunto de plumaje y capa de grasa es tan perfecto que los pájaros

La torpeza que muestran los pájaros bobos cuando se desplazan sobre suelo firme, desaparece bajo el agua, donde su cuerpo hidrodinámico se proyecta por el agua como un torpedo.

bobos podrían sufrir un sobrecalentamiento si no fuera por las superficies de piel desnuda que sirven como radiadores de calor, situadas en la cabeza, las aletas y los pies. Así, para estos animales, el frío intenso de la Antártida no constituye ningún problema, más bien lo es el exceso de calor que pueden sufrir si se aventuran por aguas más cálidas.

El cuerpo es cilíndrico y robusto, con un cuello corto, el pico fuerte y relativamente corto y la cola de tamaño muy pequeño. Destacan en su anatomía los pies, en el extremo de unas patas cortas, provistos de una planta palmeada y que constituye una suela que aísla el cuerpo del animal del sustrato sobre el que se apoya, a menudo el hielo. Además, estas patas aparecen implantadas en una posición muy retrasada con respecto al eje central del cuerpo, lo cual explica la posición erguida que adoptan estas aves cuando se desplazan fuera del agua, y que constituye una gran ventaja a la hora de bucear, al dar así al cuerpo una perfecta forma hidrodinámica y servir al mismo tiempo de timón.

No obstante, el rasgo más peculiar de estos pájaros en cuanto a su anatomía lo constituyen las alas, que han experimentado un proceso de regresión, perdiendo por completo su capacidad de vuelo y adaptándose al agua hasta el punto de haberse convertido en verdaderas aletas. Por ese motivo carecen de plumas, salvo unas cortas en el borde posterior, pero que son más bien asimilables a escamas, y están recubiertas de piel del mismo color que la región dorsal, son de forma alargada y relativamente estrechas y aplanadas, con lo cual, al moverlas con fuerza, pueden propulsarse a una velocidad notable, actuando también como poderosos y eficaces timones que les permiten dar quiebros súbitos cuando persiguen a sus presas o cuan-

Los pájaros bobos son aves gregarias, un hábito que en estas latitudes desempeña un papel esencial para la supervivencia del individuo. No sólo quedan así protegidos frente a las condiciones atmosféricas extremas, sino que también les permite eludir el ataque de los depredadores.

do han de escapar de los enemigos naturales que les acechan en estas aguas y que igualmente son excelentes nadadores, como los tiburones o las orcas.

En conjunto, el cuerpo de estas aves las convierte en extraordinarias nadadoras y buceadoras, que consiguen velocidades de hasta 30 km/h en el agua. Su desplazamiento se ha comparado a menudo a un «vuelo subacuático» y en realidad lo parece, pues mueven las aletas al igual que otras aves las alas mientras vuelan, y eso les permite deslizarse con enorme agilidad y sin aparente esfuerzo. La potencia de sus aletas es tal, que para salir a tierra firme en lugares escarpados, a menudo se impulsan con ellas y dan un salto fuera del agua para alcanzar la orilla.

En cambio, sobre la superficie del suelo se desplazan de modo bastante torpe y muy característico, debido a la posición erguida que adopta su cuerpo. Por tanto, muchas veces, cuando deben desplazarse con velocidad, recurren a dejarse deslizar sobre el vientre si existe algo de pendiente, ayudándose también de las aletas. Es un tipo de desplazamiento observado con mucha frecuencia en las distintas especies de estas aves.

Los pájaros bobos tienen la vista adaptada para el buceo, por lo que distinguen perfectamente a sus presas en el agua, y sus ojos presentan una mayor sensibilidad hacia la luz de color verde y azul, que es la imperante bajo el agua. En cambio, en tierra ven de manera borrosa. Se trata de una adaptación particular a la vida marina, pues es en las aguas donde hallan su alimento y, también, donde les acecha el peligro de sus enemigos, por lo que es importante disponer de una buena vista bajo el agua para cazar y evitar ser cazados. La lengua es espinosa y, junto con sus poderosas mandíbulas, permite sujetar con fuerza las presas, que en general son escurridizas.

Costumbres y modos de vida

Los pájaros bobos, como gran parte de las aves, son de hábitos diurnos y se alimentan de todo tipo de organismos marinos, aunque con preferencia de

Ha llegado el momento de salir a pescar. Estos pájaros bobos de Adelia se dirigen en grupo hasta un lugar desde donde les resulte más fácil lanzarse a las heladas aguas antárticas. Allí les espera un abundante alimento.

peces, pequeños cefalópodos y crustáceos.

Hábiles pescadores, son también objeto de persecución por parte de diversos cazadores marinos, en particular las orcas, las focas leopardo y los tiburones. Pero, gracias a su agilidad pueden escapar a menudo de estos hábiles cazadores, aunque la inteligencia de las orcas hace de estos cetáceos el principal peligro para ellos. También causan bajas en sus efectivos algunas aves marinas, aunque en este caso sólo entre las crías, pues los adultos son suficientemente grandes para defenderse sin problemas.

Aunque pasan gran parte de su vida en las aguas, cuando les llega la época de la muda deben regresar a tierra firme y esperar allí hasta que han adquirido de nuevo el plumaje completo.

Tienen costumbres eminentemente sociales, llegando a formar inmensas colonias con centenares de miles de individuos, y algunas especies incluso de varios millones. Estas agrupaciones brindan claras ventajas a sus integrantes, como se demuestra sobre todo en el curso de las tempestades que tienen lugar durante el largo invierno, en las que soplan fuertes vientos y las temperaturas descienden a valores inferiores a –30 °C. Agrupados densamente, los pájaros bobos se van protegiendo así frente a los meteoros, conservando el necesario calor corporal.

En estas agrupaciones de tipo defensivo frente a los elementos se observa un constante movimiento de rotación dentro de la colonia, de modo que los que están situados en la parte exterior, expuestos a las inclemencias del tiempo, van siendo sustituidos por otros cada cierto tiempo. Así, todos los integrantes de la colonia gozan de suficiente protección y no se exponen a morir congelados por una permanencia excesiva al aire libre.

La existencia de los pájaros bobos depende esencialmente de la salud de la colonia, y un individuo que quede aislado por algún motivo tiene muy pocas probabilidades de supervivencia. Es un fenómeno que se observa entre muchas especies de animales sociales, pero que en este caso se agudiza por la rigurosidad del medio antártico.

El comportamiento de estos animales incluye varias vocalizaciones y gritos, que permiten el reconocimiento entre sí de los miembros de la pareja y también el de los polluelos, a pesar del enorme número de individuos que suelen vivir agrupados. También es frecuente una serie de maniobras de saludo cuando tiene lugar el cambio de turno en la pareja durante el tiempo de la incubación. Asimismo, el cortejo va acompañado de vocalizaciones y movimientos de las aletas y del cuerpo, destinados fundamentalmente al reconocimiento de los dos miembros de la pareja cuando vuelven a encontrarse tras el período invernal. Después, lo mismo que en el caso de las nuevas parejas formadas por individuos que se reproducen por vez primera, se da paso al cortejo que precede a la cópula.

Son aves monógamas, permaneciendo las parejas estables a lo largo de los años, salvo cuando uno de sus componentes muere, caso en el cual el otro realizará en la estación correspondiente un nuevo cortejo con objeto de encontrar compañero.

Reproducción y área de distribución

Las áreas de cría son casi siempre los mismos lugares, como se ha podido comprobar en excavaciones realizadas sobre el terreno, aunque en aquellas que lo hacen sobre la banquisa se trata de espacios más amplios donde pueden estar en zonas próximas en años sucesivos, dependiendo de la formación del hielo.

Muchos no construyen nidos, pues crían sobre suelos cubiertos de hielo y sin vegetación, o directamente sobre la banquisa, como el pájaro bobo emperador. En otras ocasiones, se limitan a apilar algunos guijarros sobre el suelo desnudo, lo que sirve más bien para evitar que el huevo pueda rodar, en particular si el terreno es algo inclinado. Los que habitan en las islas próximas al continente antártico, en las que crece una rala vegetación, aprovechan también ésta para completar someramente el nido, que en estos casos aparece un poco más elaborado.

La puesta puede ser de uno o dos huevos, dependiendo de la especie, existiendo normalmente un breve intervalo entre ambos, de tres o cuatro días, que explica también el diferente tamaño que pueden presentar los polluelos. Sujetan la puesta entre los pies y la cubren con la piel y el plumaje de la parte inferior del abdomen, que se adapta durante esta época para convertirse en una especie de «nido viviente», proporcionando de esta manera el suficiente calor para que los huevos se desarrollen y evitando al mismo tiempo que estén en contacto con el aire frío de los alrededores, sobre todo algunas especies que crían

La puesta consta de uno o, como máximo, dos huevos, dependiendo de la especie, y son ambos miembros de la pareja los que se encargan de incubarlos.

durante el largo y frío invierno antártico.

Ambos miembros de la pareja se turnan en la incubación, que en general tiene lugar a cierta distancia de la costa. Por tanto, mientras incuban, no ingieren alimento alguno. Cuando llega el compañero, se transfieren con cuidado el huevo para no dejarlo expuesto al aire, y el que ha estado incubando se dirige al mar, donde permanecerá un cierto tiempo alimentándose y recuperando sus fuerzas, para regresar más tarde al lugar de cría y repetir la operación.

Los primeros días de vida, los pollos los pasan ocultos también entre las patas de sus progenitores, que les protegen contra el aire del exterior. Cuando ya se recubren de un grueso plumón, se aventuran por las proximidades, aunque este período es el más peligroso para ellos pues pueden ser atacados por numerosas aves marinas que revolotean por encima de las colonias.

Ambos progenitores les alimentan con una pasta predigerida cuando llegan de pescar, siendo esta época la temporada de mayor actividad de los pájaros bobos, pues no sólo deben procurarse ellos mismos el alimento, sino que han de atender también a las grandes necesidades energéticas de los pequeños, así como defenderlos de los atacantes. También producen en el esófago una sustancia muy rica en energía con la que pueden alimentar a los pollos durante los primeros días, antes de que inicien las actividades de pesca que les permitan aportar el alimento con regularidad.

Cuando alcanzan más edad, las crías se reúnen en grandes grupos, juntos bajo la vigilancia de algunos adultos, lo que permite a ambos progenitores dedicarse a la pesca y aportar alimento suficiente a sus hijos. Cuando regresan

Cuando los padres llegan a la colonia de cría, abren la boca para que los pollos puedan ingerir parte del alimento semidigerido que han capturado durante la jornada de pesca.

Los pollos jóvenes permanecen juntos en las llamadas guarderías, vigiladas por unos cuantos adultos. Se distinguen de éstos fácilmente por el plumaje, aunque algunos de ellos les superen en tamaño aparente. El crecimiento es rápido y adquieren el plumaje definitivo antes de la llegada del invierno.

del mar, los reconocen sin error entre la enorme masa de pequeños que abren el pico buscando su alimento. Estas agrupaciones de jóvenes reciben el nombre de guarderías y constituyen uno de los aspectos característicos del comportamiento de estas aves.

Los jóvenes crecen con rapidez y van adquiriendo poco a poco el plumaje definitivo, momento en que ya serán lo suficientemente fuertes para aventurarse a su primera temporada de pesca antes de la llegada del invierno, debiendo acumular en ese período reservas para sobrevivir a las inclemencias meteorológicas.

Además de la Antártida y de las islas situadas en sus proximidades, el área de distribución de los pájaros bobos se extiende también hacia latitudes más bajas, llegando como máximo hasta el ecuador, en las islas Galápagos, donde han conseguido adaptarse a un ambiente tan cálido gracias a las frías aguas que rodean estas islas y que les proporcionan un medio adecuado no sólo por su temperatura, sino también por la enorme riqueza en alimento que poseen. En áreas más cercanas a las polares se les encuentra en las costas meridionales de Suramérica, en Suráfrica y en el sur de Australia y Nueva Zelanda, así como en las islas subantárticas. Algunas especies realizan desplazamientos más o menos prolongados que les pueden llevar hasta lugares relativamente alejados de sus áreas normales de cría. Los cambios en las corrientes marinas, y con ello la abundancia o escasez de alimento, parecen ser los condicionantes principales de estas migraciones temporales.

En la Antártida, de la que nos ocupamos en este libro, los pájaros bobos están representados por tres géneros *Pygoscelis* (con 3 especies) *Eudyptes* (con 2 especies) y *Aptenodytes* (con 2 especies). Las 11 especies restantes, pertenecientes a varios géneros, viven por las otras regiones del área de distribución del grupo.

Uno de los pájaros bobos más conocidos

El **pájaro bobo de Adelia** (*Pygoscelis adeliae*) alcanza una longitud total de unos 70 cm y su peso ronda en promedio los 5 o 6 kg.

El plumaje es totalmente negro en la cabeza, la parte dorsal del cuerpo, las aletas (salvo una delgada franja en su

El plumaje de la cabeza del pájaro bobo de Adelia se extiende más hacia delante que en otras especies, por lo que el pico parece como si fuera de menor longitud.

Los pájaros bobos de Adelia son monógamos, por lo que al llegar a los territorios de cría después de la estancia en el mar, los dos miembros de la pareja vuelven a reunirse y, tras un breve cortejo, tiene lugar la cópula.

borde posterior) y la cola, con el vientre blanco y los pies, lo mismo que el pico, amarillentos. El pico parece más corto que el de otras especies debido a que el plumaje se extiende parcialmente por su base. Destaca en la parte superior del cráneo una pequeña prominencia, algo abultada.

Es una de las especies más abundantes y también de más amplia distribución, pues no sólo ocupa los terrenos costeros del continente antártico, sino que se encuentra también en gran parte de las islas antárticas que lo circundan. Este hecho ha permitido igualmente que sea el representante de su grupo más estudiado, y por ende, mejor conocido.

Pasan todo el invierno sobre la gruesa capa de hielo que se forma sobre el océano, para dirigirse con la llegada del verano antártico hacia sus áreas de cría, situada a veces a casi un centenar de kilómetros del punto donde invernaron. Los primeros en emprender el viaje son los machos, que pronto ocupan las zonas aptas para la reproducción, siguiéndoles a los pocos días las hembras.

Estos territorios de cría se sitúan en las costas rocosas, a menudo en laderas y zonas muy expuestas al viento. Aunque esto hace que las temperaturas sean más bajas que en los lugares resguardados, tienen la ventaja de que la nieve no se acumula e impida la incubación y la crianza de los pollos.

La llegada de las hembras supone una época de agitación en las colonias de machos, pues han de formarse las nuevas parejas o reunirse de nuevo las de años anteriores, ya que son animales monógamos, que permanecen unidos a lo largo de los sucesivos años.

Ahí tiene lugar el cortejo. Finalizado éste, inician la construcción de un rudimentario nido, consistente sólo en algunos guijarros dispuestos agrupados y de modo que permitan sujetar el huevo y eviten que se deslice fuera. Con frecuencia, el emplazamiento del nido es también el que utilizaron en años anteriores. Poco después de finalizado el nido, las hembras realizan la puesta, formada casi siempre por dos huevos, de diferente tamaño y que son depositados en este somero nido con un intervalo de unos pocos días.

El período de incubación se prolonga por espacio de unos 35 días y en la tarea se alternan ambos miembros de la pareja. Primero es el macho el que cobija los huevos entre sus patas durante los 10 días de ausencia de su compañera, que se habrá dirigido hacia el mar para alimentarse y recuperar fuerzas. Una vez bien nutrida, la hembra regresa y sustituye al macho, que se dirige también a su vez al mar en busca de presas. Los turnos son luego algo más cortos hasta el momento de la eclosión.

Las presas habituales son los pequeños crustáceos de krill, peces diversos y sus larvas. Las capturan con preferencia de noche, sumergiéndose tras ellas y persiguiéndolas hábilmente mientras bucean entre la superficie y unos 20 m de profundidad, aunque se han registrado casos en que algunos ejemplares han descendido hasta los 170 m persiguiendo un banco de peces.

Los pollos nacen con un intervalo de unos pocos días y desde ese instante se mantienen protegidos en la cavidad formada por las patas y el plumaje del cuerpo de los progenitores, recibiendo así suficiente calor para ir desarrollándose. Sus padres se encargan de alimentarlos cuando regresan de pescar, dándoles una especie de pasta predigerida que producen en el esófago, muy rica en energía, que les permite crecer con rapidez en unas tres semanas. Llegado ese momento, sus dimensiones son lo bastante grandes para imposibilitar su permanencia bajo el plumaje paterno e inician una nueva e interesante etapa de su vida. Entrar a formar parte de las guarderías, unas grandes agrupaciones de jóvenes, reunidos según las distintas edades, que son vigilados por unos cuantos adultos mientras sus respectivos padres se hallan lejos, buscando el alimento en el mar.

Estas guarderías son muy bulliciosas y en ellas los jóvenes van desarrollando sus comportamientos sociales. La permanencia en estos grupos dura hasta finales del verano antártico, pues antes de la llegada de otoño, que es el momento de la salida hacia alta mar de los adultos, abandonan el suelo firme e inician su vida independiente en el mar o sobre el hielo de la banquisa.

Durante todo el tiempo en que estos pájaros permanecen en alta mar, se dedican a pescar y, aunque se alejan mucho de las costas visibles, poseen una notable capacidad de orientación, que les permite hallar con seguridad las áreas de cría lejanas y regresar a sus lugares de descanso después de un tiempo más o menos prolongado de pesca en mar abierto.

La madurez sexual la alcanzan a eso de los ocho años.

Estas aves son muy sociables, viven formando enormes colonias y tienen un profundo sentido de defensa social, que hace que los padres no sólo defiendan sus propios nidos, sino también los de otras parejas vecinas que pudieran estar ausentes.

La población actual de esta especie se estima en 2 a 2,5 millones de parejas y su número parece aumentar a tenor de los últimos censos.

El más escaso de los pájaros bobos

El **gentú** o **pájaro bobo de pico rojo** (*Pygoscelis papua*) mide entre 60 y 81 cm de longitud y su peso oscila entre 5 y 6,5 kg.

El plumaje es negro en la cabeza (excepto una franja blanca de forma más o menos triangular, que se extiende desde el ojo hacia la nuca, a ambos lados), la parte dorsal del cuerpo, las aletas (salvo una delgada franja en su borde posterior) y la cola, con el vientre blanco y los pies amarillentos. El pico es rojo, excepto una pequeña mancha negruzca en la punta, y relativamente más largo que en otras especies, lo que le permite también apresar peces de dimensiones algo mayores.

Sus poderosas aletas hacen de él uno de los representantes de su grupo, y por ende del reino de las aves, más veloces en el agua. Llega a alcanzar allí una velocidad de unos 27 km/h y al bucear puede llegar hasta los 200 m de profundidad. Se han podido registrar inmersiones de unos 7 minutos de duración.

Su dieta la forman principalmente el krill, peces y pequeños cefalópodos. Se ha podido observar una ligera diferencia en la dieta de machos y hembras, pues mientras que los primeros consumen una mayor cantidad de vertebrados, las segundas prefieren en mayor medida los pequeños componentes del abundante krill de estas aguas. En general salen de pesca durante las horas diurnas, desde el amanecer hasta que anochece, y sólo de manera ocasional durante la noche, permaneciendo entonces casi siempre en aguas más superficiales.

Cuando llega la época de la reproducción, en la primavera antártica, los machos llegan a los territorios de cría y establecen pequeños territorios alrededor de un somero nido, al que acuden las hembras. El nido consiste en una acumulación de guijarros, a los que añaden hierbas y musgos. La hembra deposita allí dos huevos con un intervalo de tres a cuatro días, entre uno y otro. El período de incubación se prolonga durante unos 36 días, tras los que eclosiona el primero de los dos huevos, seguido a los pocos días por el segundo de ellos.

El gentú es una de las especies cuya puesta consta de dos huevos, depositados en un escueto nido formado por algunos guijarros. Aquí aparece un individuo alimentando a los dos polluelos, tras regresar de la pesca.

La madurez sexual se alcanza alrededor de los seis años de edad y llegan a vivir hasta 20 años.

Son aves de costumbres relativamente sedentarias, pues es posible hallar ejemplares adultos a lo largo de todo el año en las islas donde tienen los territorios de cría.

Se conocen dos subespecies, el **gentú meridional** (*Pygoscelis papua papua*) y el **gentú septentrional** (*Pygoscelis papua ellsworthi*). El primero de ellos es más pequeño, con un peso medio de unos 5,5 kg y una longitud total del cuerpo de unos 70 cm, frente a los 6,2 kg y los 81 cm del segundo. En cuanto a su anatomía, el gentú meridional tiene también los pies y el pico más cortos que la otra subespecie.

El área de distribución del gentú meridional son las islas antárticas, las Malvinas y las islas Georgia. El gentú septentrional se encuentra en el sur de Nueva Zelanda y en las islas próximas.

Los gentús son los menos abundantes de su género en estas aguas y se estima que el total de las poblaciones de ambas subespecies totaliza entre 310.000 y 315.000 parejas.

Un pequeño pariente del gentú

El más pequeño de los representantes del género *Pygoscelis* es el **pájaro bobo de barbijo** o **pájaro bobo de collar** (*Pygoscelis antarctica*), pues tiene un peso medio de unos 4,5 kg y alcanza una altura entre 50 y 70 cm.

Tiene el plumaje negro por el dorso, la cola y la parte superior de la cabeza, donde presenta una pequeña protuberancia parecida a la del pájaro bobo de Adelia. Los laterales de la cabeza y el cuello, lo mismo que toda la zona ventral, son blancos. Los pies son rosados y el pico negruzco. Destaca una fina línea negra que recorre su cuello a modo de collar, de donde procede el nombre por el que se le conoce, y que se extiende hasta fundirse con el negro de la nuca.

Su dieta está formada principalmente por krill, que constituye cerca del 95 % de la misma, complementada con algunos peces y crustáceos. Captura sus presas principalmente en aguas cercanas a las costas.

Habita en islas rocosas y forma colonias abundantes en grandes icebergs y en zonas exteriores de la banquisa.

Son aves coloniales muy ruidosas y agresivas frente a otras especies, a las que en ocasiones expulsan de los nidos para ocuparlos ellas. Nidifican con preferencia en terrenos pedregosos y pendientes. El nido es circular y está formado por guijarros apilados hasta una altura de unos 15 cm.

La temporada de cría se inicia entre dos semanas y un mes más tarde que la de otras especies de pájaros bobos presentes en la misma área. La hembra pone dos huevos, que incuban ambos miembros de la pareja por turnos que varían entre 5 y 10 días. Al cabo de 33 a 35 días se produce la eclosión.

Los polluelos permanecen protegidos por sus padres en el nido durante tres o cuatro semanas, según la velocidad con la que crezcan, lo cual depende a su vez de la abundancia de alimen-

El pájaro bobo de barbijo recibe este nombre por la delgada línea negra que recorre su cuello.
Vive formando colonias muy ruidosas y se comporta muy agresivo frente a otras especies.

to en las aguas circundantes. Transcurrido ese tiempo, pasan a formar parte de las guarderías, donde permanecerán por espacio de 50 a 60 días. Después, se dirigen al mar e inician su vida independiente, agrupándose con otros individuos de similar edad.

El área de distribución de la especie comprende principalmente la península Antártica, las islas Orcadas del Sur, las islas Shetland del Sur y las islas Sandwich del Sur. Su población se encuentra en buenas condiciones y se estima que comprende algo más de 7,5 millones de parejas.

Un nombre original

El **pájaro bobo de Macaroni** (*Eudyptes chrysolophis*), conocido también como **pájaro bobo de penacho anaranjado**, debe su nombre a una moda europea del siglo XVIII, con la que se designaba a los caballeros de la época que la seguían y que fue adoptada por muchos de los viajeros ingleses que recorrieron esas regiones. Las plumas amarillas de los lados de la cabeza les recordaron esa moda y bautizaron con ella a estos pobladores de las islas antárticas.

El pájaro bobo de Macaroni pasa el invierno en los bancos de hielo antártico, pero al llegar la primavera se desplaza hasta las islas circundantes y allí construye sobre el suelo un sencillo nido de guijarros.

Los representantes de esta especie pesan entre 4 y 5 kg y miden unos 70 cm de longitud. Las hembras suelen ser de tamaño claramente inferior al de sus compañeros.

El cuerpo resulta algo más compacto que el de las anteriores especies. Su colorido es similar, negro en la cabeza, la parte dorsal del cuerpo, la cola y las aletas, y blanco el resto. El pico, relativamente grueso, es rojo, y los pies, que son grandes, presentan una tonalidad rosácea. Un carácter distintivo son las plumas de color amarillento o anaranjado que nacen a ambos lados de la cabeza, por encima de los ojos a modo de grandes cejas, y que se prolongan hacia atrás sobresaliendo por la parte posterior de la nuca. En la parte superior se eleva también una pequeña cresta de plumas negras, pero que quedan poco visibles al ser recubiertas por las amarillas.

Su dieta la constituye casi exclusivamente el krill, pues los peces, calamares y crustáceos apenas llegan a un 4 % del alimento consumido. Como otros muchos pájaros bobos, permanecen varios días en el mar cuando pescan, y adquieren así unas reservas grasas que les permiten después ayunar largos períodos, superiores a veces a un mes, cuando las condiciones no son favorables, sobre todo en invierno, o durante la estación de cría.

Pasan la temporada invernal en los bancos de hielo marinos y cuando llega la primavera se dirigen a las islas que constituyen sus áreas de cría. A menudo eligen las zonas rocosas de la orilla. Allí tiene lugar el cortejo y, tras la construcción de un somero nido, la hembra pone a intervalos de tres o cuatro días dos huevos, cuyo tamaño es muy diferente, pues el segundo puede llegar a ser el doble de grande que el primero. Además, en general, el primero de los huevos se malogra y sólo se desarrolla el segundo.

La incubación corre a cargo de ambos miembros de la pareja, en turnos bastante largos, y se prolonga por espacio de 33 a 37 días. Los polluelos permanecen con sus padres unas tres semanas y, llegado este momento, se incorporan a los grupos de jóvenes de su edad que forman las guarderías. Los padres acuden allí cada dos o tres días para alimentarlos. Así, van creciendo con rapidez hasta adquirir un tamaño aparentemente mayor que el de los adultos, debido a la gruesa capa de plumón que los recubre. Al cabo de unos 60 o 70 días, este plumón ha sido ya sustituido por el plumaje definitivo y están en condiciones de emprender su primera salida al mar, en general de modo masivo los individuos de la misma edad.

Esta especie se halla distribuida por las islas antárticas, principalmente en la de Heard Island y las Georgia del Sur.

Está considerada la más abundante de los pájaros bobos pues cuenta con unos efectivos de cerca de 9 millones de ejemplares, constituyendo unas poblaciones que se encuentran en buen estado de conservación y en condiciones estables.

Un pequeño escalador

El **pájaro bobo roquero**, **pájaro bobo salta-rocas**, **pájaro bobo-niño** o **pájaro bobo de penacho amarillo** (*Eudyptes crestatus*), lo mismo que el anterior, pertenece al grupo de los llamados pájaros bobos crestados, pero sus dos primeros nombres comunes hacen una clara referencia a una de sus características, la de desplazarse con gran habilidad entre las zonas rocosas de la costa, donde otras especies del grupo encuentran grandes dificultades para moverse, evitándolas en general.

De menor tamaño que el anterior, y considerado uno de los más pequeños del orden, pesa en promedio unos 2,5 kg y alcanza una talla de poco más de 55 cm. Estas dimensiones son también las que le confieren la necesaria agilidad para dar saltos entre las rocas y sustentarse sobre un sustrato a menudo poco estable.

Su aspecto es muy similar al de su pariente, el de Macaroni, aunque algo más delgado. Tanto el color como la distribución del plumaje, la forma y el colorido del pico y la coloración y disposición de los pies son los mismos, pero se diferencia por el menor tamaño de las plumas que discurren a ambos lados de la cabeza, sobre los ojos, que son amarillas y más cortas, sin llegar a sobresalir por la parte posterior de la nuca. Esto permite también que la pequeña

Las zonas rocosas de las costas son un terreno que evitan la mayoría de los pingüinos, pero el pájaro bobo roquero es capaz de ascender con extraordinaria agilidad entre rocas y quebradas, incluso dando saltos.

Al llegar la época de la reproducción, el pájaro bobo roquero acumula algunos guijarros para formar un nido, donde la hembra deposita dos huevos. Después, los incuba, pero sólo uno de ellos acabará por desarrollarse y desechará el otro.

cresta de plumas negras de la parte superior de la cabeza resalte y sea más visible que en el caso de su pariente.

A pesar de su pequeño tamaño, se trata de aves muy activas y combativas, que no dudan en enfrentarse a otras de mayor tamaño, gracias en buena medida a la fortaleza de su recio pico. Se las observa a menudo en compañía del pájaro bobo de Macaroni, compartiendo las mismas áreas, aunque éste en zonas menos agrestes de los acantilados.

Su alimento está formado básicamente por el abundante krill de estas aguas antárticas, que complementan con pequeñas cantidades de cefalópodos y pequeños peces.

Cuando llega la época de reproducción, se reúnen las parejas en grandes colonias y construyen unos someros nidos, consistentes en una mera agrupación de guijarros, que pueden completar con algunas plumas. La puesta consiste en dos huevos que, lo mismo que su pariente el Macaroni, presentan un tamaño muy diferente, siendo el primero mucho más pequeño que el segundo. Pero realizan la incubación de ambos casi hasta el final, cuando se desecha el que definitivamente no ha logrado desarrollarse.

Al cabo de 32 a 35 días, el polluelo eclosiona y permanece con sus padres 3 o 4 semanas, siendo alimentado por ambos en turnos sucesivos. Después, cuando ya ha alcanzado un tamaño notable, pasa a formar parte del grupo de jóvenes reunidos en las guarderías. Allí continúa su crecimiento, acudiendo sus padres de vez en cuando para alimentarle, hasta que transcurridos dos meses o dos meses y medio y provisto ya del plumaje adulto, se dirige al mar, en compañía de otros jóvenes de igual edad, e inicia su vida independiente.

Se encuentra distribuido por muchas de las islas que se extienden a lo largo de la línea de Convergencia Antártica o situadas algo más al norte. Estas islas se encuentran a menudo muy distanciadas entre sí, lo cual ha motivado que la especie se haya diferenciado en tres subespecies principales: la septentrional, la meridional y la oriental. Aunque no corren un peligro inmediato, a las tres se las ha clasificado como vulnerables, debido sobre todo a la influencia humana en estas islas, donde se han introducido accidentalmente depredadores como las ratas, que atacan a las colonias de cría y suponen un peligro importante para su evolución. También la actividad pesquera en las áreas próximas a sus colonias constituye un riesgo a tener en cuenta, por la destrucción de sus fuentes de alimentación y los daños directos que provocan las redes, al capturar también ejemplares que buceaban en busca de sus presas.

El **pájaro bobo roquero septentrional** (*Eudyptes crestatus moseleyi*) cuenta con una población de unos 700.000 individuos adultos; el **pájaro bobo roquero meridional** (*Eudyptes crestatus crestatus*), con unos 950.000, y el **pájaro bobo roquero oriental** (*Eudyptes crestatus filholi*), con cerca de 1 600.000.

El gigante de la familia

La mayor especie que podemos encontrarnos en el continente antártico es el **pájaro bobo emperador** (*Aptenodytes forsteri*), pues alcanza 120 cm de altura y registra un peso medio de unos 30 kg, aunque se han pesado ejemplares que llegaban a alcanzar 45 kg.

Tiene el plumaje de la región dorsal de color gris más o menos oscuro, a veces con reflejos azulados. La cola es negra, lo mismo que la garganta y la parte superior de la cabeza, que se va aclarando después por la nuca hasta fundirse con la misma tonalidad del dorso. A ambos lados de la cabeza presenta una zona amplia de color amarillo anaranjado, que forma una especie de entrante ancho, delimitado en su parte inferior, a la altura del cuello, por una gruesa línea negra que se prolonga hacia abajo, hasta llegar por debajo de las aletas. Éstas presentan el mismo colorido que el dorso, con el borde posterior formado por pequeñas franjas claras, terminando en una orla blanca, algo más manifiesto que en otras especies. El pecho es amarillento claro, más o menos intenso y disminuyendo de forma paulatina hasta pasar a ser blanco al llegar a la zona ventral.

Los pies son de color gris oscuro. El pico, que es largo, adelgazándose hacia la punta afilada y ligeramente curvado hacia abajo, tiene color negruzco, con una amplia mancha violácea en la base de la mandíbula inferior, que llega hasta la zona media del pico.

Una de sus características más notables es la época de la reproducción, que a diferencia de las otras especies tiene lugar durante el invierno antártico, cuando las restantes ya la han finalizado y los jóvenes pasan su primera temporada de vida independiente. Permanecen durante ese tiempo sobre la gruesa capa de hielo que circunda el continente, lo cual hace que sean quizá las únicas aves del mundo que nunca ponen pie en tierra firme, pues esa masa helada se halla sobre las aguas oceánicas.

Esta característica reproductora, muy singular si se tienen en cuenta sobre todo las bajísimas temperaturas que se alcanzan en la banquisa durante la estación, que a menudo descienden por debajo de –40 °C, es posible gracias a su gran tamaño. La gruesa capa aislante de plumas y de grasa que rodea sus tejidos no sólo les aísla perfectamente frente al frío, sino que les permite mantener en perfecto estado de funcionamiento su fisiología y nutrirse a partir de las reservas acumuladas en esa capa.

Además, su tamaño les permite también hacer frente a las fortísimas tempestades que tienen lugar en invierno, con vientos huracanados de hasta 200 km/h. Para ello, además, eligen como emplazamiento en general zonas situadas algo resguardadas detrás de acantilados de hielo.

A pesar de la dureza del invierno, el hecho de que la incubación tenga lugar en esta época supone una gran ventaja para los emperadores, de la que no pueden aprovecharse las restantes especies a causa de su menor tamaño. Consiste en que, al nacer los pollos al final del invierno, cuando se inicia ya la temporada de abundancia del alimento, los padres pueden atenderlos perfectamente sin los problemas que puede haber de escasez al final de ese período. La primavera antártica, en el interior de las aguas, supone también una explosión de vida, en la que enormes masas de plancton alimentan a poblaciones millonarias de pequeños crustáceos, los que forman el krill, y de peces sus alevines, de los que los emperadores sacan un buen provecho, pues su dieta la forman fundamentalmente peces y sólo en menor medida otros pobladores marinos, sobre todo crustáceos.

Son excelentes nadadores y buceadores, habiéndose registrado una profundidad de inmersión superior a 250 m en algunos casos, cuando persiguen a sus presas. Los tiempos que pueden permanecer bajo el agua oscilan de 6 a 7 minutos por término medio, pero hay un caso documentado en que un ejemplar permaneció buceando por espacio de 11 minutos.

Así, hacia finales de otoño, cuando la superficie marina comienza a congelarse, los emperadores acuden a las zonas de cría, esperando a que la capa de

Una de las peculiaridades del pájaro bobo emperador es la época de cría, que tiene lugar durante el durísimo invierno antártico. La capa de grasa y plumas le protege eficazmente.

La supervivencia de los pollos depende de la distancia que tengan que recorrer sus padres desde la colonia hasta el borde del mar para pescar. En inviernos muy fríos, es grande y a veces no llegan a tiempo para alimentarles, por lo que se produce una gran mortandad.

hielo adquiera espesor y consistencia suficientes para sustentar las colonias, proceso que no tarda mucho en producirse una vez iniciado.

Allí tiene lugar el cortejo, durante el cual los miembros de la pareja se reconocen mediante penetrantes gritos similares al sonido de una trompeta. Esta actividad hace que la colonia resulte muy ruidosa durante las dos o tres semanas que se prolonga esta fase. Las colonias de cría son de dimensiones variables, con apenas 200 individuos las más pequeñas y con cerca de 50.000 las más grandes.

A pesar de su tamaño, los emperadores también recurren al deslizamiento sobre el vientre para recorrer grandes distancias con mayor celeridad, tal como se ha visto hacer a otras muchas especies. En el comportamiento de estos pájaros cabe destacar que, al parecer, existe una cierta jerarquía dentro de las colonias. Se ha podido observar que los ejemplares de mayor tamaño poseen alguna autoridad sobre el resto, pues cuando ellos se desplazan hacia un nuevo lugar, sus compañeros les siguen, y son ellos los que buscan el mejor emplazamiento para llevar a cabo sus tareas de incubación.

Tras el acoplamiento, la hembra pone un único huevo, de tamaño más pequeño que en las restantes especies, lo cual puede ser también un proceso adaptativo para garantizar la incubación. Poco después de hacer la puesta, la hembra transfiere el huevo a los pies del macho, que lo protege entre ellos y un repliegue abdominal de piel, configurando de este modo una especie de cámara incubadora donde se alcanza la temperatura necesaria para el desarrollo. Para que el huevo no esté nunca en contacto con la superficie del hielo, pues no construyen evidentemente ningún tipo de nido, el macho lo va balanceando alternativamente con los dos pies, proporcionándole entonces un movimiento rotatorio que garantiza una distribución uniforme del calor corporal sobre la totalidad de su superficie.

Durante las tempestades invernales, los machos se agrupan formando densas masas que ayudan a conservar el calor corporal. Este proceso de incubación se prolonga algo más de dos meses, tras los cuales tiene lugar la eclosión. En ocasiones ésta coincide con el regreso de las hembras, que alimentan entonces al polluelo, pero en otras esa llegada se produce más tarde y entonces es el macho el que nutre a su cría con ayuda de una secreción muy rica en energías que produce en el esófago.

Cuando la hembra se hace cargo de la crianza, el macho regresa al mar para recuperar allí sus fuerzas, pues puede haber llegado a perder cerca del

Los pájaros bobos emperador son los de mayor tamaño de todos los pingüinos, lo cual les permite sobrevivir al invierno antártico en el continente. Pero se desconoce el lugar donde pasan la temporada estival y también la razón de su paulatino declive.

40 % de su peso. Se dedica entonces activamente a la pesca para regenerar los tejidos adiposos esenciales para su supervivencia.

Una vez recuperado, la crianza de los pollos corre a cargo de ambos miembros de la pareja, que se van turnando a intervalos variables, acudiendo al mar para alimentarse y traer también comida para el pequeño, que crece con rapidez. Al cabo de un mes y medio del nacimiento, el polluelo ya tiene un tamaño suficiente y pasa a engrosar el ejército de los jóvenes agrupados en las guarderías. A partir de entonces son ambos padres los que se encargan al mismo tiempo de ir proporcionándole el alimento que necesita.

Pero las duras condiciones del medio antártico hacen que muchas veces la ceba resulte difícil y se retrase, pues si la cubierta de hielo persiste mucho tiempo, los padres han de recorrer una gran distancia desde el mar hasta la guardería. Se produce entonces una gran mortandad entre los pollos, hasta el punto que en ocasiones sólo sobreviven tres o cuatro de cada diez, que llegarán después a la edad adulta.

Con la llegada del verano, los jóvenes emperadores han desarrollado ya el plumaje definitivo que les permitirá emprender sus primeras inmersiones e iniciar su vida independiente. El verano es también la época en que estas aves se desplazan hacia aguas abiertas, en latitudes más bajas, aunque no se ha podido descubrir todavía la región en que pasan los meses estivales hasta regresar al sur.

La madurez sexual la alcanzan entre los 4 y los 5 años de edad, y la longevidad estimada para estas aves es de unos 20 años.

Un hecho preocupante con esta especie es el paulatino descenso que experimentan sus poblaciones, estimadas en unos 350.000 ejemplares en el último cuarto del siglo XX. Al desconocerse el lugar de residencia estival, tampoco se saben las causas de este declive y, por tanto, no pueden tomarse las medidas oportunas para detener esta evolución negativa.

El hermano menor del emperador

Junto con el emperador, el **pájaro bobo rey** (*Aptenodytes patagonica*) constituye el otro miembro del mismo genero de mayores dimensiones y de carácter eminentemente antártico.

Parecido en su aspecto, se diferencia de la otra especie principalmente por el tamaño, pues alcanza una altura máxima de 95 cm y su peso en promedio es de unos 15 kg.

El pájaro bobo rey es muy parecido al emperador, pero de dimensiones más reducidas. Sin embargo, tiene unas costumbres reproductoras distintas, ya que elige el verano antártico para realizar la cría. Cada dos años saca adelante un pollo o, como máximo, dos cada tres años.

Su plumaje es muy similar, ya que la única diferencia que presentan es la base de la mandíbula inferior, de color rojo anaranjado en lugar de violácea, y la mancha de los lados de la cabeza, que es más estrecha, formando una especie de lengüeta que se dirige desde la garganta hacia arriba, con un entrante del plumaje del dorso, gris oscuro, en dirección al cuello. Pero el colorido del pecho es más vivo e intenso, prolongándose algo más hacia la zona abdominal. Presenta igualmente las tonalidades azuladas sobre el dorso, que a veces resultan muy visibles dependiendo del ángulo de incidencia de la luz.

La dieta consiste igualmente sobre todo en pequeños peces, que completan con crustáceos, calamares y algunos otros animales marinos. Estos animales bucean con gran habilidad y alcanzan notables profundidades, a veces superiores a 200 m, llegando casi hasta las cotas marcadas por los emperadores.

Donde se diferencian más ambas especies es en sus costumbres reproductoras, sobre todo porque la temporada de cría del pájaro bobo rey coincide con el verano antártico, como sucede con los restantes representantes de la familia. Su envergadura corporal no le permite realizarlo en la época desfavorable, aunque al ser también bastante grande, no siempre logra completar el período de cría en una única temporada y debe finalizarlo a la siguiente.

Además, a diferencia de otros, estos pájaros bobos no presentan un momento de máxima actividad incubadora, sino que se les puede encontrar realizando estas tareas a lo largo de cualquiera de los meses en que las condiciones son favorables. Por tanto, hay grupos que crían de manera temprana y otros más tardía. Estas pautas obedecen a diversas razones, por ejemplo, el que las parejas que perdieron el pollo o el huevo el invierno anterior, regresan temprano al lugar de cría e inician la puesta antes de la llegada de nuevas parejas, mientras que los que han tenido que sacar adelante al pollo que sobrevivió a las inclemencias, permanecen más tiempo recuperando fuerzas en el mar, dedicados a la búsqueda de alimento. Así, inician una nueva temporada de cría más tarde que los otros.

Este curioso ciclo reproductor hace que en conjunto cada pareja saque adelante un único pollo cada dos años o, en los casos más favorables, con abundancia de alimento y unas condiciones algo menos adversas, tenga dos en el cómputo general de tres años, con esas fases alternas de cría temprana y cría tardía. En conjunto, puede decirse que el ciclo completo abarca unos 14 meses.

Los lugares de cría son en general costas con pendientes y zonas de roca, aunque no lejos de una playa que les permita acceder con mayor facilidad a las aguas, aunque algunos grupos lo hacen también sobre el hielo. Lo mismo que su pariente, no construyen nidos, pero en estos lugares tampoco depositan el huevo directamente sobre el suelo, sino que lo sujetan entre los pies y lo protegen con ayuda del repliegue cutáneo del abdomen, además de la cubierta de plumas. Los pájaros bobos rey suelen reunirse en grandes colonias de cría, sobre todo a comienzos y a finales de la temporada, es decir, coincidiendo con los dos tipos principales que se han descrito anteriormente. Estas colonias suelen ser menos numerosas en los meses intermedios, que es también cuando hay un mayor número de parejas recién formadas, que inician su primera temporada.

La puesta consta de un único huevo, que en este caso es incubado por turnos por ambos miembros de la pareja. El proceso dura un par de meses. Tras la eclosión, el polluelo es recogido por los padres entre sus pies y alimentado primero con el producto secretado por el esófago y poco después con el alimento predigerido que le aportan con regularidad sus padres cuando regresan de pesca.

Cuando alcanza ya un tamaño grande, lo que sucede más o menos al cabo de un mes, los polluelos entran a formar parte de las guarderías, reuniéndose con otros individuos de su misma edad. Los padres acuden con regularidad a alimentarles. Pero, dependiendo del momento en que tuvieron lugar la reproducción y la incubación, el período estival puede llegar rápidamente a su fin, antes de que estos jóvenes hayan completado su desarrollo. Entonces, deben sobrevivir al invierno, agrupados en las guarderías, pero recibiendo una menor cantidad de alimento pues éste se vuelve menos abundante. En esta época se produce el mayor número de bajas, pero cuando llega de nuevo la primavera, los padres incrementan otra vez las cebas y los jóvenes pronto crecen y experimentan la última muda, quedando cubiertos del plumaje definitivo, que les permitirá sumergirse en el agua, buscarse por sí mismos el alimento e iniciar la vida independiente.

Esta especie se halla distribuida por una extensa área que comprende las islas antárticas y subantárticas. La distancia que separa en ocasiones las distintas colonias ha hecho que se interrumpa el flujo genético entre unas y otras, con lo cual pueden observarse diferencias notables en cuanto al tamaño de los individuos que las constituyen. Pero, al parecer, estas diferencias debidas al aislamiento genético no son suficientemente grandes para permitir diferenciar subespecies.

Se estima que el conjunto de los efectivos de esta especie asciende a cerca de dos millones de individuos.

Las colonias de cría se encuentran situadas en lugares cercanos a las playas, de modo que el acceso al mar sea sencillo para los padres cuando regresan a alimentar a sus pollos. Éstos se agrupan en guarderías de distintas edades a partir del mes de vida.

Los más pequeños habitantes de los hielos australes

◆ ◆ ◆ ◆ ◆

Aunque en todos los grandes biomas los animales de mayor tamaño son los que en general llaman más la atención del visitante, pues en la mayoría de los casos son también los visibles, en particular en las áreas abiertas, hay lugares donde los pequeños habitantes poseen una enorme relevancia para el ecosistema y, aun así, pasan casi por completo ignorados no sólo para el gran público, sino en ocasiones también para los científicos.

En los mares antárticos viven millones de pequeños crustáceos que forman lo que se llama el krill, cuya importancia alcanza incluso a los grandes titulares de la prensa. En cambio, en tierra firme hay un mundo casi invisible y desconocido también de una gran importancia. Veremos brevemente todos estos pequeños habitantes del mundo antártico, que ayudan a comprender mejor la verdadera importancia de este gigantesco continente helado.

La microfauna del suelo antártico

En las pequeñas porciones del continente helado en que la ausencia de hielo durante una parte del año permite el crecimiento de formas vegetales simples, como lí-

quenes o musgos, a lo sumo, se desarrolla una interesante población de organismos inferiores y animales microscópicos que podemos denominar la microfauna antártica.

Uno de esos lugares libres de hielos son los conocidos como «desiertos antárticos», donde parece no haber rastro de vida y el único material orgánico que podemos encontrar es el cadáver momificado de alguna foca que llegó perdida hasta estos parajes.

Pero en los dos últimos decenios del siglo XX los investigadores que exploraron estas áreas hallaron numerosas sorpresas, que han hecho que aumentara todavía más el interés de los científicos por esos singulares paisajes. Un grupo de biólogos descubrió que bajo la superficie de las rocas, entre los intersticios y los pequeños poros que hay en su interior, vivían numerosas especies de microorganismos. Además de varias algas y hongos, aparecieron bacterias.

Se trata en todos los casos de organismos autótrofos, es decir, capaces de sintetizar su propia materia orgánica a partir de los minerales del sustrato y de la luz solar.

La superficie de la roca actúa como una muralla aislante que permite la existencia de un microclima en ese interior. Además, las zonas cristalinas actúan como ventanas, que dejan pasar pequeñas cantidades de luz solar, suficientes para que esos diminutos fotosintetizadores puedan llevar a cabo sus funciones fisiológicas.

Las rocas no están totalmente aisladas del exterior, pues los microporos de la superficie permiten también la entrada del dióxido de carbono necesario para completar el proceso.

Pero la vida microscópica de la Antártida no se limita a esta curiosa forma de supervivencia. En algunas áreas costeras que durante el breve período estival quedan libres de los hielos y en pequeñas zonas donde se ha formado una somera capa de suelo, por debajo de los líquenes y los musgos, numerosos in-

Una de las mayores sorpresas que deparó el continente antártico a los científicos fue la existencia de una variada microfauna en los lugares más insospechados.

Se denomina krill a un conjunto muy variado de organismos planctónicos que constituyen el alimento de numerosos animales, desde peces a ballenas. Forma la base de la cadena trófica de este ecosistema y de él depende gran parte de la vida antártica.

vertebrados han encontrado unas condiciones favorables para prosperar y sobrevivir a lo largo de los siglos.

En estos suelos vive una gran variedad de grupos, desde protozoos a animales inferiores, entre los que destacan los artrópodos, los nematodos, los tardígrados y los rotíferos. Todos ellos son de dimensiones muy pequeñas y la marca en gigantismo se la lleva una mosca enana, conocida por el nombre científico de *Belgica antarctica*, muy diferente a sus parientes de tierras más cálidas, pues carece de alas. Este gigante en ese mundo de enanos alcanza, como máximo, una longitud de 1,2 cm.

Sus restantes vecinos no llegan, ni con mucho, a esas dimensiones, y para poder observarlos se necesita una lupa de laboratorio o un microscopio. Bajo las lentes se nos presentan con una imagen espectacular.

El grupo más importante de estos pobladores de los suelos antárticos es el de los Artrópodos, del que se han clasificado cerca de 112 especies. Es interesante el hecho de casi la mitad de ellas vive a expensas de otros animales, es decir, son parásitos que recurren a pájaros bobos, focas y aves marinas para obtener su sustento. Los demás siguen una vida libre en los intersticios del suelo, aprovechando las pequeñas cantidades de materia orgánica que quedan allí. Muchos de ellos son ácaros microscópicos. Hay también insectos primitivos, como algunos colémbolos, que miden escasamente 1 mm de longitud y que se alimentan de algas y hongos microscópicos.

La mayor parte de estos diminutos animales sobrevive a temperaturas de hasta –35 °C, gracias a la presencia en sus tejidos de una sustancia anticongelante. Se trata del glicerol, que son capaces de sintetizar por sí mismos.

Los pequeños pobladores del mar

La vida marina antártica es mucho más conocida que la de los suelos de este continente, pero quedan muchos aspectos sorprendentes por descubrir. Uno de los habitantes más conocidos de estas aguas son los pequeños crustáceos planctónicos que constituyen lo que conocemos con la voz noruega **krill**.

Incluye esta denominación diversas especies, parecidas a pequeñas gambas semitransparentes. Una de las principales en las aguas antárticas es *Euphausia superba*, la que mayores dimensiones alcanza, pudiendo medir hasta 4 cm de longitud.

Los crustáceos del krill son omnívoros, variando su dieta en función de las condiciones, la hora del día y la estación. Actúan en general como depredadores en aguas más superficiales, en las que suelen permanecer durante la estación cálida, mientras que en invierno descienden a capas más profundas y allí se nutren principalmente de restos orgánicos. En cualquier caso, el plancton microscópico, tanto vegetal como animal, constituye uno de sus principales recursos tróficos.

El ciclo vital de estos crustáceos se inicia a comienzos del verano, cuando las hembras ponen millones de huevos cerca de la superficie, donde se mantienen durante una semana o semana y media, para ir descendiendo después hacia capas más profundas. Allí, las corrientes marinas los arrastran hasta las cercanías de la costa continental. Durante todo ese tiempo van desarrollándose las larvas en el interior, que eclosionan en el momento de acercarse a tierra. Estas fases larvarias inician entonces el camino inverso, ascendiendo lentamente hacia aguas más superficiales mientras completan su desarrollo.

Los millones de pequeños crustáceos forman enormes masas que pueden llegar a comprender cerca de dos millones de toneladas, según se ha calculado en estas áreas. Su desarrollo es máximo en las zonas donde convergen las aguas frías procedentes de la Antártida y las más cálidas que llegan de latitudes inferiores. Las condiciones que se dan aquí son óptimas para el desarrollo del fitoplancton, que permite una masiva presencia de zooplancton, el cual, alimenta al krill.

Esto constituye una interesante cadena trófica que, a diferencia de lo que sucede en la mayoría de los ecosistemas terrestres, se caracteriza por su simplificación, eliminándose muchas de las etapas intermedias, hasta el punto que desde el fitoplancton a los consumidores finales es fácil fijar cuatro o cinco escalones.

El krill es, sin duda, la base del equilibrio trófico de las aguas oceánicas. La energía solar absorbida por el fitoplancton y transformada en materia orgánica a partir de los elementos minerales arrastrados por las corrientes, se convierte casi de manera casi directa en proteína animal, la de los crustáceos del krill. Pero éstos pasan directamente a los consumidores finales que, salvo los calamares, pertenecen al gran grupo de los vertebrados marinos.

Los millones de toneladas de krill que flotan en las aguas dan a veces una intensa coloración rojiza a extensas áreas de las aguas antárticas, pero allí encontraremos infinidad de depredadores que se nutren de él. Hemos visto que el krill constituye el componente principal de la dieta de algunas especies. Tal es el caso del pájaro bobo de barbijo, así como de otras varias aves marinas. También hay tres especies de calamares que se nutren de krill, así como unas 20 de peces. Pero igualmente hay mamíferos marinos que recurren a esta fuente de alimento, como tres especies de focas y cinco de cetáceos.

Los componentes del krill son muy diversos, pero uno de los más importantes lo constituyen los pequeños crustáceos, que en este caso se están alimentando de las algas que crecen debajo de la capa de hielo.

Las aves antárticas

Los pájaros bobos no son los únicos pobladores de pluma de los parajes antárticos. Cierto es que los restantes representantes de la ornitofauna pertenecen al grupo de las aves voladoras, lo que les confiere una ventaja importante, la del desplazamiento hacia áreas más benignas cuando las condiciones ambientales se vuelven en extremo inhóspitas. Pero, aunque su permanencia en estas regiones sea más o menos duradera o transitoria a lo largo del año, desempeñan también un papel de gran relevancia en el ecosistema antártico.

Todas ellas dependen para su existencia de las islas que rodean el continente o situadas en sus proximidades, pues constituyen sus lugares de cría al ser incapaces de hacer la puesta y la incubación sobre la fría superficie del hielo. Su capacidad de vuelo les permite también colonizar áreas de la isla como son las zonas altas y los acantilados.

La casi total inexistencia de plantas superiores y la escasez de insectos hacen que la dieta de estas aves se oriente fundamentalmente hacia la depredación, en concreto sobre los organismos marinos. Según estudios llevados a cabo en varias zonas de la región, se estima que más de la mitad de las especies orníticas tiene como base de su dieta el plancton marino, capturado con ayuda de una especie de pequeñas plaquitas donde queda apresado el alimento. Luego están los que combinan la dieta a base de plancton con la ingestión de calamares y que suponen cerca del 20 %. Otro tanto corresponde a los que se alimentan sólo de estos últimos. Finalmente, están los piscívoros, cerca de un 5 % del total, que se nutren de los numerosos peces que viven en estas aguas. Hay que hacer notar que todas estas cifras se refieren a las aves voladoras, pues los pájaros bobos, como hemos indicado, constituyen un elemento distinto.

Las aves marinas que podemos encontrar en la Antártida pertenecen a dos órdenes, el de los Procelariformes, de vocación oceánica, y los Caradriformes, que en mayor o menor medida viven ligados a la proximidad de las costas.

El orden de los grandes planeadores oceánicos

El orden de los Procelariformes comprende aves dotadas de excelentes cuali-

La riqueza de los mares antárticos atrae a un gran número de aves que crían en las islas próximas al continente, como sucede con estos albatros.

dades de vuelo, que son capaces de permanecer gran parte de su vida en el aire, planeando sobre las aguas oceánicas, y que acuden a tierra sólo para reproducirse. Poseen una especie de tubos alargados como prolongación de sus cavidades nasales, que se abren a ambos lados del pico, que es largo, y que llevan glándulas utilizadas para eliminar el exceso de sal que consumen con el alimento. Tienen los pies palmeados. No presentan dimorfismo sexual.

Se alimentan de animales marinos, principalmente peces y calamares, y son monógamos. Anidan de forma colonial y las hembras ponen un único huevo de color blanco, que incuban ambos miembros de la pareja, que también contribuyen por igual a la alimentación del polluelo, que es nidícola.

Este orden comprende cuatro familias, que engloban a los albatros y los petreles, entre los representantes de las regiones antárticas.

Los planeadores del océano, los albatros

Los albatros se incluyen en una única familia, la de los Diomedeidos, distribuida exclusivamente por los grandes océanos australes, aunque se hayan hecho algunos avistamientos aislados por el hemisferio septentrional, y que comprende de 12 a 14 especies. El nombre común que tienen procede del portugués «alcatraz», que significa «gran pájaro de mar» y que recibieron cuando los primeros navegantes por estas aguas pudieron contemplar su enorme silueta deslizándose sobre la inmensidad del océano, a miles de millas de distancia de la costa más cercana, lo cual llenó de admiración a aquellos hombres y al tiempo planteó numerosas cuestiones a los científicos de la época.

Las cadenas tróficas antárticas son muy cortas, como aquí entre el plancton, arriba, y el ave, abajo, que se alimenta de los peces que comen plancton.

Con frecuencia, los albatros siguen a los buques durante mucho tiempo y se les puede observar formando grupos. Sus alas, largas, estrechas y acabadas en punta, son un elemento formidable que les permite el vuelo planeado sin realizar prácticamente esfuerzo, lo cual explica que sean más abundantes en los mares tempestuosos que en las zonas de calma, donde tendrían que recurrir al vuelo activo.

Destaca en su anatomía el largo pico, con el extremo abultado y curvo y los orificios nasales característicos del orden. En general es de color rosado o grisáceo, aunque existen variaciones. La cola puede ser corta y redondeada o algo más larga y acabada en punta, y las patas se hallan en posición algo atrasada, lo que resulta favorable para nadar, pero no para desplazarse por tierra, donde lo hacen con gran torpeza. Los pies disponen de tres dedos dirigidos hacia delante y unidos entre sí mediante una membrana natatoria.

Pueden permanecer años sin pisar tierra firme, pues su alimento, constituido por peces, crustáceos y calamares, lo encuentran en el mar y descansan durante sus vuelos o posados en el agua después de capturar sus presas.

Siempre ha fascinado a los marineros la capacidad de vuelo de estas aves cuando las condiciones del mar son malas desde la óptica humana, pues el fuerte viento es el mejor aliado de ellas.

Las dimensiones que tienen los albatros varían entre los 69 y los 135 cm de longitud y un peso que va de 3 a 12 kg. La envergadura alar es siempre notable, oscilando entre 1,80 m en las especies menores y 3,5 m en la mayor de ellas.

La capacidad de vuelo de los albatros es extraordinaria. Su gran envergadura alar les permite deslizarse sin apenas esfuerzo por encima de las olas, con lo que únicamente van a tierra firme para la reproducción, pues descansan también sobre el agua. Al llegar a las islas para reproducirse, tiene lugar un aparatoso cortejo.

La reproducción

A pesar de sus aptitudes oceánicas, cuando les llega la época de la reproducción, los albatros se ven obligados a acudir a islas o islotes perdidos en alta mar, donde no sean molestados. Allí se reúnen en grandes colonias y, después de una aparatosa danza nupcial, las hembras ponen un único huevo. El nido es una sencilla depresión en el suelo o entre la hierba, aunque no es raro que la puesta se haga directamente sobre el suelo, sin ninguna preparación previa. Tanto la incubación como el desarrollo de los polluelos son muy lentos, por lo que estas aves se reproducen como máximo cada dos años.

La incubación se prolonga por un largo espacio de tiempo que puede ir de 65 días en el caso de los más rápidos hasta 80 en las especies mayores. Los pollos también se desarrollan a un ritmo muy lento y en muchas especies no consiguen valerse por sí mismos hasta transcurridos cerca de 9 meses. Durante todo ese tiempo, ambos miembros de la pareja se turnan para ir aportando el alimento necesario. También la maduración sexual se alarga en el tiempo y muchos de ellos no comienzan a reproducirse hasta los 10 o 14 años. Pero, como contrapartida, se trata de aves muy longevas, que pueden vivir perfectamente hasta 85 años.

Esa lentitud se adapta muy bien a sus costumbres y al medio en que viven, pero constituye un grave inconveniente cuando la especie se ve enfrentada a la influencia humana, creciente en los últimos años, y para la que no disponen de mecanismos naturales de defensa, dado que su vida ha transcurrido siempre en los lugares más remotos e inaccesibles para nuestra especie. La colonización de muchas islas en las que crían y la introducción de depredadores como las ratas o los gatos han supuesto una grave amenaza para la supervivencia de estas magníficas aves, cuyo número ha ido decreciendo en los últimos años.

Los albatros se reúnen en grandes colonias, donde las hembras depositan un único huevo en una sencilla depresión. La incubación y el desarrollo del pollo son muy lentos, y en algunas especies no adquieren la capacidad de volar hasta los nueve meses de edad.

En la mayoría de las especies no existe dimorfismo sexual, por lo que es difícil distinguir entre machos y hembras. En el plumaje de casi todos los albatros domina el color blanco, aunque muchos tienen las alas oscuras y en alguno el gris o el pardo se convierten en la librea dominante. Estas diferencias cromáticas permiten distinguir las especies, pues salvo el albatros gigante, las restantes muestran unas dimensiones muy similares.

Las especies de albatros

En los mares que circundan el continente antártico podemos encontrar seis especies de albatros, entre las cuales destaca por sus enormes dimensiones el **albatros viajero** o **albatros errante** (*Diomedea exulans*). Es impresionante, con hasta 3,5 m de envergadura y una longitud total del cuerpo que llega a 1,35 m. Tiene el plumaje casi totalmente blanco, excepto el extremo de las alas, que es negro, y el pico es de color rosado o amarillento. Su capacidad de vuelo es notable y aunque no se dispone de datos exactos, en el caso de un ejemplar anillado pudo comprobarse que en el espacio de 12 días había recorrido cerca de 6.000 km, como mínimo. Este magnífico planeador habita en todos los mares australes e igualmente se adentra por las aguas que circundan la Antártida. En varios países está clasificado como especie vulnerable.

Los albatros son exclusivos de los océanos australes, y en los mares que rodean al continente antártico existen seis especies habituales.

Las otras especies que podemos encontrar en estas aguas, y que amplían sus territorios hacia latitudes más bajas, llegando algunas a las costas meridionales de los continentes, se indican seguidamente.

El **albatros de cabeza gris** (*Diomedea chrysostoma*) mide unos 82 cm de longitud y, como su nombre indica, tiene la cabeza de color gris, que se aclara algo por las partes laterales. También el dorso es gris y las alas de color gris oscuro por la parte superior y gris y blanco por la inferior. El pico es negruzco, con el vértice superior amarillo. La cola, que finaliza de forma más o menos cuadrada o redondeada, tiene color gris oscuro, mientras que las patas son azuladas, con la membrana interdigital rosada. Su principal área de cría son las islas de Diego Ramírez, situadas al sur del extremo meridional de Suramérica, llegando la especie hasta las aguas cercanas a Tierra del Fuego. Está calificado como especie vulnerable en varias regiones.

Similar al anterior es el **albatros de ceja negra** (*Diomedea melanophris*), de iguales dimensiones, pero que se diferencia por tener la cabeza blanca, con una pequeña mancha negra a la altura de los ojos, y porque el pico es amarillo, con la punta de color rosado. Además, las patas son amarillentas o rosadas. Tiene las mismas costumbres, aunque su área de distribución es más amplia, siendo frecuente encontrar ambas especies juntas por el mar, pero el albatros de ceja negra se acerca más a las costas, penetrando incluso por bahías y puertos. Pero, durante la época de cría, cuando coinciden en las mismas zonas, cada una elige territorios distintos dentro de una isla o bien ocupan diferentes islotes. El principal lugar de cría de esta especie se halla en las islas Malvinas, adonde acuden cerca del 70 % de los efectivos. Está calificada también como especie vulnerable en varias regiones.

El **albatros de pico delgado** o **albatros pico amarillo** (*Diomedea chlororhynchos*) es ligeramente mayor que los anteriores, con las alas oscuras, lo mismo que el extremo de la cola. Tiene el pico más delgado que otros albatros y es de color amarillo. Su área de dispersión es muy amplia y visita de modo más ocasional que los anteriores las aguas antárticas. Se le halla desde la costa oriental de Suramérica hasta Nueva Zelanda como invernante, mientras que su área de cría la forman diversas islas oceánicas dispersas por esta amplia región, como la de Tristan da Cunha, en el Atlántico Sur.

El **albatros oscuro grande** (*Phoebetria fusca*) mide entre 80 y 83 cm de longitud. El plumaje es de color gris oscuro o pardo ceniciento, con el extremo de las alas negro y el abdomen algo más claro que el resto. El pico es también negro, con una franja alargada de color amarillo o anaranjado en la mandíbula inferior. Las patas son de tono rosado blanquecino. El área de distribución es la misma que en la especie anterior e igualmente anida en las mismas islas. Está calificado como especie vulnerable en varias regiones.

Perteneciente al mismo género y parecido al anterior es el **albatros oscuro chico**, **albatros de manto claro** o **albatros sombrío** (*Phoebetria palpebrata*). Se diferencia de él por el colorido del plumaje, más claro y ceniciento, sobre todo por el vientre, el dorso y los costados. Además, la línea del pico es de color azulado o púrpura. Las patas son grisáceas. Su área de distribución es más amplia y, además de los territorios ocupados por su pariente, visita con más frecuencia las aguas antárticas.

ALBATROS

CLASE > AVES | ORDEN > PROCELARIFORMES | FAMILIA > PROCELÁRIDOS | GÉNEROS > DIOMEDEA, PHOEBETRIA

CARACTERÍSTICAS

Longitud	69-135 cm
Envergadura alar	1,80-3,5 m
Peso	3-12 kg
Puesta	1 huevo
Incubación	65-80 días
Longevidad	hasta 85 años
Alimentación	peces, crustáceos, calamares

VIDA Y COSTUMBRES

- Aves veleras por excelencia, pasan gran parte de su vida en alta mar, planeando sobre las olas y descansando en el agua. Con frecuencia siguen durante largo rato a los barcos. Para reproducirse acuden a islas oceánicas y forman grandes colonias. Ambos miembros de la pareja alimentan al pollo. Su baja tasa de natalidad hace que sean muy sensibles a las intervenciones humanas.

Los leones marinos son el principal enemigo de las aves marinas que reposan en el agua. Controlan sus poblaciones, pero no constituyen ninguna amenaza para sus efectivos.

Las aves de las tormentas, los petreles

El nombre de aves de las tormentas que se aplica a muchos petreles obedece, sin duda, a su extraordinaria habilidad de vuelo con viento fuerte, lo que hace que busquen con preferencia las áreas del océano donde las fuertes tormentas y tempestades crean un mar de olas encrespadas, con numerosas corrientes de aire que facilitan sus acrobacias.

Bajo este nombre se conocen distintas especies, pertenecientes a las tres restantes familias de los Procelariformes, en concreto las de los Oceanítidos, con las especies conocidas vulgarmente como aves de las tormentas, los Proceláridos, que comprenden los petreles y las pardelas, y los Pelecanóididos, en los que se incluyen los llamados petreles buceadores.

Todos se caracterizan por la posesión de un denso plumaje y por tener los pies palmeados. Anidan con preferencia en acantilados y zonas costeras escarpadas, y pasan todo el día en el mar en busca de alimento, para regresar a tierra firme sólo durante la noche. Son hábiles voladores, a los que es frecuente observar formando grandes grupos sobre las olas encrespadas. Su dieta está formada principalmente por peces, crustáceos, calamares y sepias, pero son también grandes depredadores de las colonias de pájaros bobos y de otras aves durante la época en que éstos crían y constituyen, junto con las gaviotas y sus parientes, la principal amenaza para la supervivencia de los pollos o la integridad de los huevos.

Su área de distribución es muy amplia, pero algunos aparecen con especial abundancia en estas regiones polares australes.

El petrel gigante

Una de las especies habituales en las costas e islas antárticas es el **petrel gigante** o **petrel gigante antártico** (*Macronectes giganteus*), que en el extremo meridional del continente suramericano recibe también los nombres de **carnero negro**, **fardelón**, **jote de mar**, **quebrantahuesos** y **pajarón**. Tiene bien merecido aquel nombre pues alcanza 2,6 m de envergadura y llega casi a 100 cm de longitud total del cuerpo. Además, por sus hábitos depredadores, se convierte durante el verano antártico en una de las principales amenazas para las nidadas y los polluelos de otras aves. Durante el resto del año se alimenta principalmente de peces, calamares, sepias, etc., pero sin rechazar la carroña o cualquier material comestible que encuentre a lo largo de sus correrías.

Un rasgo típico de esta ave, y de algunos otros petreles, es la costumbre de expulsar por la boca un chorro de una sustancia oleosa cuando se sienten amenazados, como puede ser si alguien se acerca a uno de ellos mientras está incubando.

Presenta dos fases de plumaje, una de ellas es blanca, salvo alguna pequeña mancha oscura, mientras que la otra presenta una tonalidad parda grisácea, más oscura en las partes superiores, con la cabeza más clara, de un tono gris blanquecino. En ambos casos el pico es de color ocre amarillento a verdoso. Los machos son siempre de mayor tamaño que las hembras.

Para anidar preparan un pequeño montículo de grava o separan algunos guijarros hasta producir una pequeña oquedad, donde la hembra hace la puesta. El período de incubación es igual de lento que en el caso de los albatros, aunque los polluelos tardan menos tiempo en alcanzar su desarrollo definitivo y disponer del plumaje que les permita volar y alimentarse por sí solos, pues bastan unos cuatro meses para completar el proceso.

El área de distribución de esta especie se extiende desde las costas antárticas hasta latitudes más bajas, por lo que es frecuente encontrarla en las costas meridionales de Suramérica, así como en las islas del sur de Nueva Zelanda.

Las áreas de cría se hallan en gran parte de esta región, desde las costas del continente antártico, pasando por las islas próximas, hasta zonas como las Malvinas, donde cría casi un tercio del total de la población mundial de la especie, estimada en unas 36.000 parejas.

El pangurunguru

Con este nombre designaban los maoríes de Nueva Zelanda a una especie similar a la anterior, el **petrel gigante subantártico** o **petrel gigante del norte** (*Macronectes halli*). Este petrel tiene unas dimensiones algo menores que su pariente y se diferencia de él porque únicamente se presenta en una fase cromática, la oscura, y porque la punta del pico es rojiza, rosada o de color café.

El petrel gigante acude a las colonias nidificantes de otras aves para robar huevos y capturar polluelos, por lo que se convierte en un potente depredador.

Los petreles son parientes de los albatros y, lo mismo que éstos, han sido dotados de unas excelentes aptitudes para el vuelo, prefiriendo siempre las aguas tormentosas que les permiten volar a vela sin apenas gastar energía.

Sus costumbres son similares, así como los hábitos reproductores, y no es raro encontrarlo en las costas del extremo sur de Suramérica, llegando a veces, aunque de modo errático, hasta latitudes medias.

Su área de distribución se extiende por las mismas zonas en cuanto a sus límites de latitudes bajas, pues en latitudes altas resulta más raro en las costas del continente helado, limitando su penetración en general hasta las islas subantárticas.

El petrel plateado

Conocido también como **petrel antártico**, el **petrel plateado** (*Fulmarus glacioides*) debe su nombre al color blanco plateado general de su plumaje, salvo las alas, que desde la porción central hacia los extremos se oscurecen y adoptan una tonalidad pizarrosa. También el dorso y el resto de las alas aparecen con pequeñas manchas algo más oscuras. El pico es de color rosado, con la punta gris oscura o negruzca. La cola, que finaliza de forma redondeada, es algo más clara que la zona dorsal. Las patas presentan una tonalidad azulada. La longitud del cuerpo es de unos 46 cm.

Está perfectamente adaptado a estas áreas polares y aunque anida en diversas islas subantárticas, también lo hace en el interior del continente, conociéndose una de estas colonias situada a varios centenares de kilómetros de la costa y que es la mayor conocida de la especie en toda su área de distribución. No deposita los huevos sobre el hielo, sino sobre los afloramientos rocosos que sobresalen en algunos puntos por el interior del continente.

Aunque distribuido principalmente por la región polar, asciende también a lo largo de las costas de Suramérica y llega hasta latitudes bastante bajas, aunque se trata de casos excepcionales.

Las golondrinas de mar antárticas

A este grupo pertenecen diversas especies de pequeño tamaño, entre las que pueden citarse al **petrel de Wilson** (*Oceanites oceanicus*). Tiene el plumaje de color gris oscuro, salvo la base de la cola y algunas plumas de la parte inferior de ésta, que son blancas. Presenta también algunas franjas blancas. Las patas son negras y las membranas interdigitales amarillas. El pico, delgado, relativamente corto y con su extremo ganchudo, también es negro.

Tiene costumbres pelágicas, permaneciendo gran parte del tiempo en alta mar y acudiendo a tierra sólo durante la época de cría. Se le observa muchas veces nadando a ras del agua, batiendo los pies, como si anduviese, pero es una técnica de pesca con la que obtiene buenos resultados.

La **golondrina de mar de vientre negro**, **paíño de vientre negro** o **petrel de vientre oscuro** (*Fregetta tropica*) mide de 18 a 21 cm de longitud total. Tiene la cabeza, el cuello, el pecho, la parte inferior del abdomen y el dorso de color negro ahumado, mientras que el vientre, la parte posterior del dorso y la zona inferior media de las alas son blancos.

Anida en huecos de las rocas o pequeñas cuevas de los acantilados. Aunque su nombre científico parece indicar su presencia en aguas tropicales, la llegada hasta esas áreas sólo es accidental, siguiendo las corrientes frías, pero fue en esas zonas donde primero fue observada. El área de distribución normal comprende la Antártida e islas cercanas.

La **golondrina de mar de vientre blanco**, **bailarín**, **fardelita** o **petrel de vientre blanco** (*Fregetta grallaria*), mide entre 19 y 20 cm de longitud. Su plumaje puede ser casi totalmente negruzco, salvo algunas manchas en la parte superior e inferior de las alas, y el vientre blanquecino, o bien presentar tonalidades intermedias, con abundancia de grises. En conjunto, resulta difícil de diferenciar de la anterior especie.

Tiene las mismas costumbres que su congénere, aunque su distribución es más amplia, llegando hasta los 40° de latitud y anidando en las islas oceánicas del Atlántico, el Pacífico y el Índico. En las aguas antárticas es más escasa y rara vez llega a las costas del continente.

La paloma antártica

A pesar de su nombre común, la **paloma antártica** (*Chionis alba*) no es tal, sino un miembro más de la familia de los Proceláridos, es decir, un petrel, aunque diversos autores la incluyen entre las Caradriformes, que comprende, entre otras, las gaviotas. Tiene el plumaje de color blanco y parece una paloma robusta, de 40 a 42 cm de longitud, con el pico grueso y fuerte, de color amarillo en la base, pardo en la parte central y de color café en la punta. Las patas son grises y los dedos carecen de membranas interdigitales, a pesar de lo cual nada perfectamente.

Se halla distribuida desde la península Antártica e islas adyacentes hasta las islas Shetland, ampliando sus territorios hacia el norte a lo largo de la costa suramericana, aunque rara vez asciende mucho hacia latitudes más bajas. Parte de la población permanece en el continente durante el invierno, desplazándose hacia aguas libres en busca de comida. Anida en pequeñas colonias, construyendo rudimentarios nidos con musgos, líquenes y otros restos vegetales. Ahí las hembras ponen hasta 3 huevos.

Su aspecto recuerda el de una paloma y su nombre común, paloma antártica, parece señalarlo, pero no lo es, sino un pariente de los albatros y los petreles, o de las gaviotas y los charranes, según otros autores.

Un petrel inquilino permanente de la Antártida

El **petrel blanco** o **petrel de las nieves** (*Pagodroma nivea*) mide unos 40 cm de longitud y tiene el plumaje blanco. En él destacan el pico y las patas negros, así como los ojos oscuros.

Reside de manera permanente en la Antártida, principalmente en los acantilados de la península Antártica y en las islas cercanas. Elige como emplazamiento para anidar lugares escarpados e inaccesibles, tanto en la costa como en el interior, haciendo la puesta sobre un pequeño montoncillo de guijarros. También se le encuentra a menudo en grietas de las rocas, donde halla refugio frente a las inclemencias del tiempo. Cría formando pequeñas colonias.

Se alimenta de peces pequeños, calamares y krill, aunque durante la época de los nacimientos de las focas también acude a los bancos de hielo donde tienen lugar los partos, devorando al parecer las placentas que allí quedan.

Caradriformes

En este otro gran grupo de aves marinas se incluyen algunas de las más conocidas y distribuidas por todo el planeta, como las gaviotas, que cuentan con una buena representación en el polo austral.

Comprende especies muy diversas, desde las jacanas tropicales a pobladores de las regiones polares, como los págalos, por lo que nos limitaremos aquí al grupo que incluye las que son propias del continente antártico, las del suborden de los Laros. En éstos se encuentran los págalos y gaviotas en general.

Los págalos

Se trata de aves conocidas también como **skúas**, pertenecientes a la familia de los Estercoráridos. Son de grandes dimensiones, de alas estrechas y angulosas y con el plumaje oscuro, aunque existen muchas variaciones y a menudo dentro de una misma especie se dan distintas fases de color.

Una característica general de los págalos son sus hábitos alimenticios, omnívoros, pero que no sólo son pescadores o cazadores, sino que practican con gran habilidad el pirateo, arrebatándoles las presas a otras muchas aves. Igualmente recurren a la carroña cuando la encuentran. Son uno de los principales enemigos de las restantes especies de aves antárticas, no sólo con el citado pirateo, sino que también expoliando nidos, devorando los huevos, atacando a los polluelos e incluso a las aves de menor tamaño. A esto contribuye también la proximidad, pues anidan en los mismos lugares que esas otras aves, aunque lo hacen con un ligero desfase. Son agresivos y osados y no dudan en atacar a los seres humanos que se acerquen a sus nidos.

El **págalo antártico**, **skúa antártico** o **salteador polar** (*Catharacta maccormicki*) mide unos 53 cm de longitud y se presenta en dos fases. La fase oscura tiene el plumaje pardo, sobre todo el dorso y la parte superior de las alas, con el vientre más claro o blanquecino, mientras que en la fase clara, la cabeza, el cuello y el pecho son también de color crema blanquecino. El pico es de color castaño y finaliza curvado. Los dedos de las patas, que son negras, están provistos de fuertes uñas.

Cría en las costas antárticas e islas adyacentes, construyendo un somero nido con líquenes o musgos, o bien utilizando una pequeña depresión del suelo. La puesta es de dos huevos, que cuidan ambos miembros de la pareja. Salvo la época de la reproducción, pasa la mayor parte del tiempo en el mar.

El **págalo pardo**, **skúa pardo** o **salteador pardo** (*Catharacta lonnbergi*) es prácticamente idéntico al anterior,

aunque algo mayor, pues llega a medir 63 cm de longitud. El colorido del plumaje es quizás algo más uniformemente oscuro.

Tanto sus costumbres como sus hábitos reproductores son idénticos a los de su pariente, y otro tanto es válido en cuanto al área de distribución.

La capacidad de adaptación y la versatilidad de su conducta han hecho de las gaviotas las aves marinas presentes en la mayoría de los mares del planeta. También se encuentran en la Antártida, pues hay unos recursos tróficos que ellas pueden aprovechar.

Las omnipresentes gaviotas

Las conocidas gaviotas pertenecen a la extensa familia de los Láridos, caracterizados por ser aves, la cola redondeada o cuadrada, las patas altas, con los dedos provistos de membranas natatorias, y el pico ganchudo.

Son oportunistas y recurren a cualquier tipo de alimento que encuentren, ya sean presas capturadas, carroña, restos o, si tienen la oportunidad, también las presas de otras aves, de manera similar a como hacen los págalos, aunque éstos, a su vez, atacan después a las gaviotas y les arrebatan el

El gaviotín antártico nos muestra todas las características físicas que son propias del grupo de los charranes o golondrinas de mar, de delgado pico y potente y rápido vuelo. Durante el otoño, emigra hacia áreas más cálidas, llegando a los extremos meridionales de los continentes australes.

botín. Esta gran flexibilidad trófica y de conducta ha permitido que se hayan extendido con gran éxito por todo el planeta.

En su plumaje predominan los colores blanco, negro y gris, reunidos formando diversas combinaciones.

Son excelentes voladoras y muy buenas nadadoras, que a menudo descansan en el agua. Pero casi nunca se adentran por alta mar, permaneciendo en las cercanías de la costa. Viven formando colonias a veces muy numerosas.

Muchas gaviotas que habitan en los mares antárticos tienen una distribución cosmopolita, pudiéndoselas encontrar en casi todo el mundo, aunque algunas son propias de la región. Tal es el caso de la **gaviota cocinera** o **gaviota dominicana** (*Larus dominicanus*). Mide de 58 a 60 cm de longitud. Tiene el plumaje blanco, excepto la parte inferior de las alas, de tonalidad algo grisácea. El pico es amarillo.

Como otras gaviotas, anida en colonias, coincidiendo con el momento de los partos entre los mamíferos marinos que acuden a las playas. Los principales lugares de cría se encuentran en las islas Shetland del Sur y sus proximidades, así como en la península Antártica.

Otra especie de esta familia propia de la zona es el **gaviotín antártico** o **golondrina de mar antártica** (*Sterna vittata*). Mide entre unos 40 y 43 cm de longitud y tiene el pico delgado y puntiagudo y sus alas son más agudas y ágiles que las de las gaviotas, con una envergadura que oscila entre los 78 y los 80 cm. La cola, más delgada, acaba en forma ahorquillada. Aunque las patas poseen también membranas interdigitales, no es muy buena nadadora.

El plumaje es blanco, excepto la parte superior de la cabeza, que es negra y forma una especie de capirote. Tanto el pico como las patas son de color rojo.

Se alimenta de pequeños peces y de krill que captura cerca de la costa, o incluso en las charcas que quedan al retirarse la marea. Cría en la península Antártica y en las islas vecinas, llegando hasta las Shetland del Sur.

Cuando llega el otoño a las costas de la Antártida, antes de que el hielo les impida pescar, emigran hacia sus cuarteles de invierno, situados en las regiones meridionales de Suramérica, Suráfrica y Nueva Zelanda. Se diferencian tres subespecies, que se corresponden casi con los tres continentes de invernada. Se estima que la población total de esta especie oscila alrededor de las 45.000 parejas.

A diferencia de sus parientes de tierras más cálidas, los cormoranes antárticos presentan la librea clásica de esta región, con las partes inferiores blancas y las superiores negras. Anidan en islotes aislados, alejados de las costas, formando pequeñas colonias de cría.

Propia también de la región antártica es la **golondrina de mar de las Kerguelen** (*Sterna virgata*), aunque se encuentra sólo en las islas situadas al norte de la línea de Convergencia Antártica. Se alimenta principalmente de pequeños moluscos y de los insectos que encuentra entre los líquenes y el musgo.

Estas dos especies cuentan durante los meses estivales con la presencia de una congénere extraordinaria, la **golondrina de mar ártica** (*Sterna arctica*), que se reproduce en las islas circumpolares de la región boreal y que cuando llega el otoño por aquellas latitudes emprende un prodigioso viaje que, a lo largo de las costas atlánticas europeas y africanas, la conduce hasta el polo opuesto, recorriendo de este modo más de 40.000 km en unas pocas semanas. Aquí permanece, alimentándose de pequeños peces y krill, hasta que las condiciones empeoran con la llegada de la nueva estación, emprendiendo de nuevo el viaje de regreso hasta sus áreas de cría, donde ya comienza la estación favorable.

Otras aves de la región polar austral

Otros grupos de aves están representados en estas tierras. El **cormorán imperial**, **pato lile** o **yeco** (*Phalacrocorax atriceps*) mide unos 75 cm de longitud y presenta el aspecto característico de los miembros de su familia. Tiene la parte superior de la cabeza, la nuca, la parte posterior del cuello, el dorso y el lomo negros, y blanco el resto del cuerpo. La cola y las alas también son negras, con algunas manchas blancas en las primeras. Las patas son rosadas y el pico pardo claro, con carúnculas nasales amarillentas.

Construye el nido en puntos inaccesibles, en islotes alejados o sobre rocas rodeadas de agua, utilizando principalmente algas marinas. La puesta oscila entre 2 y 4 huevos. Forma pequeñas colonias de cría de unas pocas parejas. Su área de distribución comprende las islas subantárticas y el extremo meridional de Suramérica, haciéndose más raro hacia el norte, donde frecuenta también aguas interiores.

Muy similar es el **cormorán de las Malvinas** (*Phalacrocorax albiventer*), coincidente en tamaño y aspecto, salvo algunos pequeños detalles, como el pico, que es pardo oscuro, y la mancha blanca de los laterales de la cara del anterior, que en este caso es muy reducida, alcanzando la zona oscura hasta la parte inferior del pico.

Pinnípedos australes

Conocidas las características generales de los Pinnípedos, descritas a propósito de los miembros septentrionales, indicaremos aquí algunas diferencias en las formas de vida, que son más una adaptación a la distinta configuración física de ambas regiones polares. Mientras que el Ártico es un mar helado, la Antártida es un continente helado. Los habitantes del primero han de permanecer sobre el hielo o desplazarse a los continentes circundantes si requieren un sustrato firme, algo que no sucede en el segundo, donde determinadas épocas del año hay partes importantes de la costa que quedan despejadas del manto blanco y permiten la permanencia de sus habitantes.

La principal diferencia radica en la abundancia de alimento, que en las aguas australes es mayor gracias a la confluencia y formación de corrientes y al choque de aguas frías y cálidas propio de determinadas áreas continentales, y que no tienen lugar en áreas de mar abierto, aun cuando permanezcan cubiertas por el hielo.

Los pinnípedos presentes en la Antártida son análogos a los que podemos encontrar en el hemisferio norte, aunque están representados por otras especies. Así, mientras que en el norte

Las focas y los otarios del continente antártico son muy similares a sus parientes del Ártico, y el papel ecológico que desempeñan en estas aguas es análogo.

La foca cangrejera es una de las más características de la Antártida y la que cuenta con mayores poblaciones en todo el mundo, estimadas en unos 20 millones de individuos. Contradiciendo su nombre, los cangrejos no son el componente principal de su dieta, sino el krill.

hay representantes de las tres familias de este orden, en el sur falta una de ellas, la representada por las morsas. Aunque los otarios, o leones marinos, cuentan con muchos más representantes en los mares australes, en la Antártida su representación genuina es equiparable a la del grupo en el Ártico.

Veremos algunos de los pinnípedos más característicos que pueblan las costas e islas antárticas o que permanecen en la banquisa de hielo durante las épocas invernales.

La más numerosa de las focas

La **foca cangrejera** (*Lobodon carcinophagus*) mide entre 2 y 2,4 m de longitud, siendo las hembras ligeramente mayores que los machos, y alcanza un peso comprendido entre 200 y 300 kg. Tiene el cuerpo más esbelto que el de otras focas. La cabeza, redondeada, finaliza en un hocico algo más largo que el de otras especies. Una de sus características anatómicas es la dentadura, cuyos dientes poscaninos llevan tres pequeñas puntas en la corona, dirigidas hacia atrás y que facilitan la captura de los crustáceos de los que se alimenta. Además, cuando el animal cierra la boca, los dientes de la mandíbula inferior y superior se adaptan perfectamente, no dejando ningún espacio hueco.

El colorido es variable a lo largo del año. Así, el pelaje invernal consiste en un tono pardo grisáceo por la parte superior de la cabeza, la posterior del cuello, el dorso y las aletas, que además puede adoptar una coloración más oscura. Las partes inferiores son de tonalidad ocre, más o menos clara y con alguna mancha parda distribuida por la mitad delantera del abdomen. En cambio, el pelaje estival es mucho más claro, hasta el punto que puede resultar todo ocre, aunque el vientre algo más claro. Las aletas resultan entonces más llamativas con su color oscuro.

Es una de las focas más ágiles y que alcanza mayor velocidad en el agua, pues se estima que puede superar los 25 km/h en recorridos cortos. Además, nada con gran maestría.

La dieta de esta foca la forma de manera predominante el krill, que captura lanzándose en la masa de estos crustáceos con la boca abierta y capturándolos enteros, cerrando después los dientes para expulsar el agua y retener sus presas, tragándolas a continuación sin sujetarlas con los dientes como es habitual en las restantes focas. Por tanto, el mecanismo es una especie de succión, por lo que a menudo también incluye pequeños peces junto con el krill. Evidentemente, el nombre común que recibe no hace honor a su dieta.

Suele alimentarse durante el día, permaneciendo en el agua 12 a 16 horas y buceando a intervalos mientras persigue a sus presas. No hace grandes inmersiones, en general entre 10 y 30 m de profundidad, dependiendo

Sobre los bloques de hielo de diversos tamaños que las corrientes arrastran lentamente es frecuente ver pequeños grupos de focas cangrejeras o algún ejemplar aislado. Al llegar el invierno suelen dispersarse y muchas emigran hasta aguas más cálidas, al sur de los continentes.

de la capa de agua en que encuentre el alimento.

La foca cangrejera es presa, sobre todo, de las orcas y de las focas leopardo, que han desarrollado técnicas especiales para capturarlas. Es frecuente ver ejemplares con grandes cicatrices en su cuerpo, fruto de los encuentros con sus enemigos, lo que prueba que la eficacia de esos grandes depredadores marinos no es absoluta.

Cuando comienza el invierno, las focas cangrejeras suelen dispersarse y dirigirse hacia las zonas despejadas de hielo, desplazándose algunas hasta latitudes más bajas, llegando a las costas de Suramérica, Nueva Zelanda e incluso de Suráfrica. Cuando permanecen en las zonas cubiertas por el hielo, suelen aprovechar los respiraderos hechos por otras focas para salir fuera del agua a respirar.

Es frecuente ver ejemplares solitarios o reunidos en pequeños grupos, aunque a veces pueden formarse grandes agrupamientos de hasta casi un millar de individuos.

La foca cangrejera es la más numerosa del mundo, pues se estima que el total de efectivos de su población supera los 20 millones de ejemplares, o probablemente más, aunque dadas sus costumbres dispersas y los lugares inaccesibles que habita, los recuentos resultan difíciles de completar.

La reproducción

Hacia finales de invierno, las hembras se dirigen hacia una determinada zona de la banquisa, que ocupan y a la que poco después van llegando los machos. Éstos irán intentando obtener pareja, para ser los padres de la siguiente generación, pues las hembras llegan ya preñadas del año anterior. Cuando llega la primavera austral, entre los meses de noviembre y diciembre, tienen lugar los partos sobre el hielo, después de unos 11 meses de gestación, en los cuales es probable que se haya producido el fenómeno de la implantación retardada del óvulo para adaptarse a las circunstancias ambientales, como sucede en otros muchos animales.

Los cachorros pesan al nacer unos 20 kg. La lactancia se prolonga unas tres o cuatro semanas, durante las cuales, las jóvenes focas crecen con rapidez, ganando algo más de 4 kg al día. Durante todo este período, los machos se muestran bastante agresivos frente a sus compañeras, que han de defenderse constantemente. Una vez finalizada la lactancia, las jóvenes focas ya pesan cerca de 115 kg, cambian de pelaje y comienzan a alimentarse por sí mismas saliendo al mar a pescar. Alcanzarán la madurez sexual entre los 3 y 4 años.

El final de la lactancia marca también el momento en que las hembras se vuelven receptivas. Entonces tienen lugar los apareamientos, que se producen directamente sobre el hielo, a diferencia de la mayoría de las restantes focas, en que sucede en el agua.

Una foca pequeña y casi desconocida

La **foca de Ross** (*Ommatophoca rossi*) mide entre 2 y 3 m y alcanza un peso máximo de unos 215 kg. Los machos son algo más pesados que las hembras, aunque alcanzan una longitud ligeramente inferior. Tiene el cuerpo relativamente grueso, la cabeza más bien pequeña, aunque ancha, y el hocico muy corto. Destaca el gran tamaño de los ojos y la gran longitud de las aletas. Su dentadura está también menos desarrollada que la de otras especies, pues posee sólo dos o tres cúspides en los dientes poscaninos.

Es de color gris ceniciento o pardo por la parte superior del cuerpo y las aletas, que se aclara en el pecho hasta adquirir tonalidad blanquecina, lo mismo que en el vientre. Es frecuente la presencia de manchas blancas por los costados.

Su dieta está formada principalmente por calamares y sepias, seguidos de peces y, en menor medida, de crustáceos, que suele capturar por debajo del hielo.

Es de costumbres solitarias y rara vez se reúne en grupos de más de 5 a 7 ejemplares, y no resulta fácil de ver, por lo cual hay muchos aspectos de su biología que todavía se desconocen. Pero es bastante confiada frente a los seres humanos y permite que se les acerquen sin problemas.

Sus costumbres reproductoras parecen análogas a las de las restantes focas, y se sabe que alcanza la madurez sexual entre los 3 y 4 años en el caso de las hembras y de los 2 a los 7 en el de los machos.

Se estima que la población total de esta especie oscila entre los 150.000 y los 220.000 ejemplares.

La más conocida de las focas antárticas

La **foca de Weddell** (*Leptonychotes weddelli*) es algo mayor que la anterior, pues alcanza una longitud entre 2,5 y 2,6 m y llega a pesar cerca de 400 kg. Tiene el cuerpo grueso, destacando el tamaño relativamente pequeño de la cabeza, con el hocico corto, rematado de largos bigotes, y grandes ojos. En la dentadura cabe señalar que los incisivos y los colmillos aparecen inclinados hacia delante, lo cual guarda relación con su costumbre de perforar agujeros en el hielo para poder respirar.

El pelaje es de color ocre o pardo, con manchas más claras distribuidas de manera uniforme por todo el cuerpo. Las crías presentan al nacer una densa capa de lanugo de color gris oscuro o castaño, que cambian por la librea definitiva al cabo de mes o mes y medio.

Las focas de Weddell viven en la zona de los hielos que rodean la Antártida. Se reúnen formando pequeños grupos de hasta una docena de individuos y en general tienen costumbres sedentarias.

Se alimenta principalmente de peces, seguidos de calamares y sepias, y en menor proporción de crustáceos, que captura tanto a media profundidad como en el fondo marino.

Se sabe que para orientarse recurre a un sistema de sonar, similar al de los delfines y otros cetáceos, lo que le permite permanecer en la oscuridad del largo invierno antártico por debajo del hielo y encontrar con seguridad los puntos por donde emerger para tomar aire. Este sistema de localización lo emplea asimismo para encontrar sus presas.

Es el pinnípedo que mejor desarrollado tiene el sistema de comunicación, no sólo mediante ultrasonidos, sino también con sonidos audibles, habiéndose diferenciado más de 12 vocalizaciones distintas y 34 combinaciones de las mismas, lo que le da una amplia variedad de información. La frecuencia de los sonidos varía también en función de la distancia y del objetivo perseguido. Se ha observado también la existencia de diferencias geográficas en estas vocalizaciones entre las poblaciones de áreas distintas, algo así como si se tratara de diferentes «dialectos».

Pasa el invierno debajo de la capa helada y hace orificios en ella para salir a respirar aire. Por ese motivo sus dientes se desgastan con rapidez, lo que quizás explique la escasa longevidad de esta especie.

La reproducción

Cuando llega la primavera a estas regiones, las hembras preñadas, tras una gestación de unos 11 meses, con un período de implantación retardada de unos 60 días, salen a la superficie del hielo, alrededor de las zonas donde se hallan los respiraderos, y dan a luz a sus crías.

Mientras tienen lugar los nacimientos, los machos delimitan territorios por debajo del agua alrededor de esos respiraderos, en espera de que algunas semanas más tarde comiencen a quedar receptivas las hembras que hayan destetado a sus crías.

Los pequeños pesan al nacer unos 25 kg, pero crecen con rapidez, duplicando su peso en poco más de una semana. A las tres o cuatro semanas se produce el destete, cuando los jóvenes han alcanzado casi la mitad de las dimensiones de un adulto, con un peso de unos 140 kg, y un par de semanas después comienzan a nadar y a buscar su propio alimento. Alcanzan la madurez sexual a los 3-6 años las hembras y a los 7-8 los machos, y su longevidad varía entre 18 y 22 años, inferior a la de otras muchas especies de pinnípedos.

Se estima que la foca de Weddell cuenta con una población entre los 750.000 y 1.000.000 de individuos.

Un otario antártico

El **oso marino antártico** o **lobo fino antártico** (*Arctocephalus gazella*) es un miembro de la familia de los Otáridos, cuyas hembras miden entre 0,5 y 1 m y los machos de 1 a 2 m, con un peso que oscila entre 30 y 50 kg las primeras y de 60 a 120 kg los segundos. Presenta un cuerpo robusto, con fuertes aletas y fácilmente distinguible de las focas porque las posteriores se disponen hacia los lados y pueden dirigirse también hacia delante. El hocico es cónico, los ojos redondos y vivos, y posee unos pequeños pabellones auriculares a ambos lados de la cabeza.

Este oso marino está cubierto de un denso pelaje de dos capas, pues no tiene un tejido adiposo tan grueso como otros pinnípedos. Es de color pardo uniforme por todo el cuerpo, con tonalidades más o menos oscuras según los individuos. Destaca en todo caso el color más oscuro de las aletas. En los machos, además, aparece una melena cuya longitud está en función de la edad.

Su dieta se basa casi exclusivamente en el krill, que a veces complementa con algunos calamares o sepias. Pero las hembras que están criando consumen exclusivamente este tipo de alimento. Lo obtienen en general en aguas poco profundas y no muy alejadas de la costa.

Los machos son territoriales y reúnen a su alrededor un cierto número

El oso marino antártico tiene el cuerpo recubierto de una densa capa de piel y habita con preferencia en las costas rocosas. Es un ágil nadador que basa su dieta en el abundante krill de estas aguas.

de hembras, expulsando a otros machos de las cercanías. Pero también entre los grupos de solteros existen una cierta jerarquía y grados de dominancia dependiendo de la fuerza y la habilidad de cada individuo.

Los osos marinos en general se desplazan en tierra con mucha mayor agilidad que las focas, debido en buena parte a la disposición de sus aletas posteriores y a la considerable fuerza que poseen en las anteriores. A veces se les ha visto correr a unos 20 km/h. También en el agua son muy ágiles, aunque no tan buenos buceadores como las focas, pues pueden descender hasta unos 180 m de profundidad, pero sus inmersiones son más reducidas y duran en promedio unos cinco minutos.

Habitan con preferencia las costas rocosas, por lo que se les encuentra sobre todo en las islas que rodean el continente, si bien llegan también a sus costas durante la estación estival, en que se ven libres de grandes masas de hielo. Pero pueden desplazarse igualmente con seguridad sobre este medio.

Los osos marinos antárticos emiten diversas vocalizaciones para comunicarse sí, en particular las hembras con sus crías cuando regresan del mar para amamantarlas, pues las reconocen primero por la voz y después confirman su identidad mediante el olfato.

La reproducción

A mediados de la primavera antártica, los machos llegan a las costas y buscan un terreno apropiado donde establecerse, en general una playa arenosa, compitiendo unos contra otros en fieros combates. A medida que van llegando las hembras, cada macho dueño de un feudo intenta reunir a su alrededor entre 4 y 5 hembras, mientras que defiende las fronteras frente a sus vecinos. Durante todo este tiempo de tan intensa actividad no comen, por lo que ese esfuerzo va haciendo que pierdan peso con relativa rapidez. Al final del período reproductor pueden pesar 50 kg menos de los que tenían al comienzo.

Las hembras llegan poco antes del parto pues, una vez establecidas en uno de los territorios, al cabo de un par de días traen al mundo a su única cría. Ésta pesa entre 4,5 y 6,5 kg y mide alrededor de 60 a 70 cm de longitud. Los pequeños están cubiertos de un denso pelaje negro, que conservan 2 o 3 meses y luego lo cambian por otro plateado, que les dura hasta adquirir el definitivo de los adultos.

Al cabo de 6 a 8 días, las hembras vuelven a estar sexualmente receptivas y los machos pueden acoplarse con ellas. Mientras tanto se encargan de cuidar a su cría, alternando los períodos de lactancia con las salidas al mar para alimentarse. Mientras sus madres salen a pescar, las crías se reúnen en lugares protegidos en espera de su llegada, donde juegan y desarrollan sus habili-

dades y su conducta social. El destete se produce a eso de los 4 meses, cuando los pequeños tienen ya el pelaje juvenil que les permite dedicarse por sí mismos a la búsqueda del alimento.

Los individuos jóvenes realizan largos viajes por alta mar, aunque se desconocen sus rutas. Si bien el lugar de residencia habitual de estos osos marinos son las islas situadas al sur de la Convergencia Antártica, es relativamente frecuente encontrar individuos aislados que llegan hasta costas más cálidas, casi cercanas al ecuador en algunos casos.

La longevidad de estos pinnípedos es de unos 25 años en el caso de las hembras y algo más de 15 en el de los machos.

Durante el siglo XIX la especie fue objeto de intensa caza por sus pieles y estuvo al borde de la extinción. Pero sus efectivos se han recuperado y hoy se estima que rondan los 3 o 4 millones de individuos.

Un poderoso cazador de los hielos

La **foca leopardo** o **leopardo marino** (*Hydrurga leptonyx*) mide 2,8 a 3,8 m de longitud; los machos pesan hasta 450 kg y las hembras 590 kg. El cuerpo es alargado e hidrodinámico, con las aletas anteriores largas y anchas.

El pelaje es de color gris, más oscuro por el dorso y la parte superior de la cabeza y más claro por la garganta y el vientre, a veces casi blanquecino. Además, lleva numerosas manchas oscuras distribuidas por todo el cuerpo.

Su dieta es muy variada pues incluye peces, calamares y sepias, totalizando entre el 5 y el 10 % de sus ingestas, aves marinas, incluidos los pájaros bobos, que suponen el 10 % de las capturas, cachorros de otras especies de focas, e incluso adultos, que ascienden al 35 %, y carroña de todo tipo en cantidades variables. El resto lo forma el krill, que se convierte así en un componente importante de su alimentación (alrededor del 45 % de la dieta), pues su dentadura está también adaptada a actuar de filtro, de modo similar a como sucede con la foca cangrejera. Pero es muy oportunista y puede variar su dieta en función de las presas disponibles, influyendo en ello asimismo la edad de los ejemplares. Junto con la orca, es el principal depredador de los mares antárticos.

Permanece todo el año por las aguas cercanas al continente, sobre todo en el borde de la banquisa de hielo, aunque los individuos juveniles pueden realizar desplazamientos que les llevan hacia latitudes más bajas, encontrándoseles en ocasiones en las costas de Suramérica, Suráfrica o Nueva Zelanda.

Nada con rapidez, impulsándose con fuerza mediante las aletas anteriores, a diferencia de las restantes focas, que emplean estas aletas como timones, pero que se propulsan gracias a

Haciendo honor a su nombre, la foca leopardo es un gran depredador que se alimenta de una amplia variedad de presas, desde calamares y peces hasta pájaros bobos, crías de focas y krill.

los movimientos de las aletas posteriores y del cuerpo.

Desde mediados de la primavera hasta mediados del verano tiene lugar la reproducción. Es probable que los machos formen pequeños harenes a su alrededor. Las hembras, tras una gestación de 11 meses (con unos 60 días de retraso en la implantación del óvulo), traen al mundo sobre el hielo una única cría, de 1,2 m de longitud y unos 30 kg de peso. La lactancia dura unas cuatro semanas. Los machos alcanzan la madurez sexual a los cuatro años y las hembras a los tres.

Se estima que la población total de focas leopardo oscila entre los 350.000 y los 440.000 individuos.

El gigante en el mundo de las focas

El **elefante marino antártico** o **elefante marino del sur** (*Mirounga leonina*), como su pariente del hemisferio boreal, es el mayor de los representantes de la familia de las focas que vive en este ambiente.

Los machos llegan a medir 6 m de longitud y pesan unas 4 t, mientras que las hembras, mucho más pequeñas, apenas superan los 2,8 m y los 900 kg. Tienen un cuerpo grueso y fuerte y en los machos llama la atención el apéndice nasal, a modo de trompa, que pueden inflar durante la época reproductora y que les ha servido para recibir el nombre común por el que se les conoce.

Poseen una gruesa capa de grasa protectora, lo que hizo que en el siglo XIX se les persiguiera para obtenerla. El colorido es pardo o gris plateado uniforme en todo el cuerpo, aunque pueden presentar algunas zonas con ligeras variaciones de matiz.

La dieta de estos gigantes la forman principalmente peces y calamares, incorporando ya en menores proporciones crustáceos del fondo marino.

Después del período reproductor, a mediados del verano los individuos adultos permanecen en el mar alimentándose, para volver a finales de la estación a la orilla, donde experimentarán una muda que les dotará del pelaje nuevo y fuerte para resistir los rigores

El aspecto del elefante marino antártico es análogo al de su pariente de la región ártica, aunque le supera algo en tamaño, pues los machos pueden llegar a pesar hasta 4 toneladas.

Los elefantes marinos alcanzan la madurez sexual entre los 2 y los 4 años en el caso de las hembras y de los 3 a 6 años en el de los machos. No se conoce la longevidad que alcanzan, pero se afirma que podrían llegar hasta los 40 años.

invernales. La muda se prolonga por espacio de tres o cuatro semanas.

Los elefantes marinos, fuera de la época de cría, pasan gran parte del tiempo sumergidos mientras se alimentan, tanto de noche como de día. Pueden llegar a profundidades de hasta 600 m, aunque se conocen algunos registros de casi 2.000 m, y permanecer en inmersión hasta algo más de 20 minutos (con una marca documentada de casi 2 horas), ascendiendo después para respirar aire atmosférico y sumergiéndose de nuevo casi de inmediato.

La reproducción

Sus áreas de cría comprenden en su mayor parte las islas subantárticas, aunque existen también algunas colonias en latitudes más bajas, como es el caso de la de península Valdés, en Argentina, y las del sur de Nueva Zelanda, así como varias islas del Índico. Hay que mencionar que la colonia de la península Valdés está formada por ejemplares de dimensiones bastante más reducidas que los de la Antártida.

Los elefantes marinos pasan todo el período invernal en el mar. Cuando llega la primavera, se inicia la época de la reproducción. En este caso, a diferencia de lo que sucede con otras focas, las hembras son las primeras en llegar a los territorios de cría, siempre los mismos año tras año. Aunque algunos machos coinciden en la llegada con sus compañeras y ocupan los lugares más favorables, la mayoría lo hace unos días más tarde. Una vez allí, luchan ferozmente entre sí para dominar un territorio y reunir a su alrededor un harén de numerosas hembras, que pueden llegar casi al centenar. Sólo los individuos más fuertes (apenas un 5 % del total) lo consiguen y se aparean. Durante toda la permanencia en sus feudos no se alimentan, por lo que quedan exhaustos cuando vuelven al mar en busca de comida y rara vez un mismo macho logra ser el dominante más de dos temporadas seguidas.

Las hembras traen al mundo a su única cría entre 1 y 10 días después de su llegada a las playas elegidas y al cabo de una gestación de unos 10 meses. La lactancia dura entre 23 y 25 días, en los cuales la hembra no sale al mar a comer, sino que se alimenta de sus reservas.

Al producirse el destete, las hembras abandonan a las crías y regresan al mar para recuperar sus fuerzas. Los pequeños permanecen todavía a lo largo de algo más de un mes en las playas, sin salir al mar y alimentándose únicamente de las abundantes reservas que han acumulado durante la lactancia.

Antes de la llegada del invierno, los jóvenes ya están en condiciones de alimentarse por sí mismos e iniciar su vida independiente en el mar.

Se estima que la población actual de elefantes marinos es de entre 600.000 y 640.000 individuos.

Los gigantes de un paraíso amenazado

◆ ◆ ◆ ◆ ◆

En todos los mares del planeta, los cetáceos constituyen el escalón superior de la cadena trófica marina y también, muchos de sus componentes, el límite superior de crecimiento dentro del reino animal.

Aunque al visitar las regiones polares del hemisferio norte se explican las características generales de los grandes cetáceos, haremos aquí un breve repaso para situar dentro del contexto las especies propias de las aguas de la Antártida.

Los cetáceos son los mamíferos que han logrado un mayor grado de adaptación al medio acuático una vez que regresaron a él desde tierra firme, perdiendo muchas de las características propias de los animales terrestres. Esa simplificación en sus estructuras anatómicas no es un camino de vuelta, sino un paso hacia delante en la evolución, aunque en su aspecto externo parezca pasarse por las mismas etapas. La evolución nunca retrocede en sus pasos.

Tanta es esa adaptación al medio acuático de los cetáceos, que fuera de él no logran sobrevivir mucho tiempo,

La Antártida sigue siendo todavía un santuario para los grandes cetáceos, que encuentran en estas aguas una gran abundancia de alimentos y protección frente a las actividades humanas, no sólo la caza, ya abolida en gran parte, sino también el tráfico marino y la contaminación.

debido en parte a la ausencia de estructuras que soporten su propio peso, una función que dentro del mar realiza la fuerza de ascensión del agua. El cuerpo es más o menos fusiforme e hidrodinámico, lo cual, unido a la estructura especial de la piel que absorbe las turbulencias, les permite deslizarse entre las aguas oponiendo la mínima resistencia y, por tanto, empleando el menor esfuerzo.

La aleta caudal de los grandes cetáceos permite en muchos casos identificar a los distintos individuos de una población gracias a las muescas o tonalidades que presenta. Resulta visible durante las inmersiones.

Las extremidades anteriores se han convertido en aletas en las que no se distingue la estructura de los dedos. Las extremidades posteriores han experimentado una reconversión total y en su lugar existe una verdadera cola, con sólo unos pequeños reductos óseos que muestran su origen, y que se dispone horizontal, al contrario de lo que sucede en los peces.

En la anatomía interna los cetáceos conservan las estructuras funcionales básicas de todos los mamíferos y ahí radica una de sus principales diferencias con los restantes pobladores del interior de las aguas, la necesidad de respirar aire atmosférico. Tienen pulmones, aunque adaptados a estas condiciones y que en lugar de comunicarse con el exterior a través de los conductos nasales, lo hacen mediante el espiráculo, un orificio especial situado en la parte superior de la cabeza.

La necesidad de compaginar la respiración del aire atmosférico y las inmersiones prolongadas que han de llevar a cabo en ocasiones, la suplen con una serie de adaptaciones fisiológicas especiales. La principal es que, antes de sumergirse, cargan los tejidos de su cuerpo con oxígeno, mientras que vacían por completo los pulmones, evitando así, entre otros, el llamado mal de los buceadores, que se debe a la presencia de burbujas de aire que llegan hasta los capilares del cerebro, provocando embolias. La reserva de oxígeno de los tejidos es entonces suficiente para que durante un tiempo prolongado el cuerpo siga llevando a cabo sus procesos metabólicos normales sin recurrir al oxígeno proporcionado por los pulmones.

Los cetáceos, como los mamíferos en general, poseen un elevado psiquismo y, además, se les considera animales dotados de gran inteligencia. Una de las manifestaciones de ese psiquismo es el modo de comunicarse entre sí. Utilizan un sonar para localizar sus presas y situarse en la inmensidad del océano, pero también una serie de sonidos ultrasónicos para la comunicación intraespecífica.

Se han estudiado estas pautas de conducta y los distintos sonidos emitidos, habiéndose llegado a la conclusión de que podemos hablar de un auténtico lenguaje. Mediante ultrasonidos, los distintos individuos de un grupo, a veces separados muchas millas entre sí y donde la localización visual resulta imposible, se mantienen en contacto e incluso intercambian informaciones. Es lo que en un lenguaje poético y con miras de divulgación se ha venido en llamar el «canto de las ballenas». Eso se debe quizá también al hecho de que, traducidos a sonidos audibles para nosotros, nos parecen una música de especial belleza.

Al tratarse de un lenguaje definido, los investigadores han podido detectar lo que podríamos llamar «dialectos», formas distintas de una misma señal utilizadas por grupos diversos de la misma especie que residen en áreas muy alejadas entre sí.

Amenazas para un paraíso

La larga vida de estos animales y la lentitud de sus ciclos vitales, como sucede con otras muchas especies de gran tamaño, los vuelve vulnerables frente a los cambios a corto plazo.

Así, la matanza masiva de cetáceos a lo largo del tiempo, pero en especial desde la invención de los arpones lanzados desde pequeños cañones, ha supuesto la desaparición de muchas especies. Por razones de proximidad geográfica y grado de dificultad, la insensata aniquilación de estos pacíficos animales comenzó en los mares templados, pero al desaparecer muchos de ellos, los buques balleneros se desplazaron hacia las regiones boreales, donde han conseguido diezmar las poblaciones.

La Antártida, situada a mucha mayor distancia y de acceso más difícil, ha supuesto una ventaja para la supervivencia de muchas especies animales, entre ellas las grandes ballenas. Pero los intereses comerciales de algunos países han intentado también acceder a las grandes riquezas del continente helado, si bien diversos convenios y acuerdos internacionales, como el Tratado Antártico, han podido hasta la fecha impedir que la fauna de esta región del planeta se haya visto empujada a la extinción como en otras muchas áreas de la Tierra.

Aun así, hay varias amenazas que se ciernen sobre este paraíso y que afectan de modo particular a los grandes cetáceos.

La contaminación de las aguas, procedente de áreas más alejadas, pero que las corrientes llevan hasta las proximidades del polo austral, es ya un grave peligro para el delicado ecosistema antártico. También la contaminación acústica, mucho más importante de lo que suele creerse y que es la responsable, al parecer, de muchos de los inexplicables fenómenos de cientos de cetáceos varados en las playas. El delicado órgano del oído, esencial para sus sistemas de localización por sonar y de comunicación, se ve muy afectado por ese tipo de contaminación, y la consecuencia son graves daños en el cerebro de los cetáceos, que llegan a causarles la muerte.

Pero hay un peligro de enorme relevancia y que es fruto directo de la codicia humana. Los cientos de millones de toneladas de krill que, gracias a las especiales condiciones de las aguas antárticas, pueden desarrollarse en esta región, son el alimento básico para un gran número de cetáceos, y también de varias especies de focas. Pero el hombre ha visto en estos diminutos crustáceos una fuente abundante de proteínas y quiere aprovecharlas, muchas veces sólo para la obtención de piensos para su ganado. La creciente actividad pesquera en este sector está causando graves daños en muchas colonias de focas y también está privando de alimento a los grandes cetáceos que acuden a estas aguas para alimentarse.

Parece ser que es la contaminación acústica, que perturba sus delicados sistemas auditivos, una de las causas principales de los embarrancamientos de cetáceos en las playas.

Los tipos y clasificación de cetáceos

Entre los cetáceos se pueden distinguir dos grandes grupos, considerados subórdenes, el de los Misticetos, que incluye las grandes ballenas, y el de los Odontocetos, donde se encuadran los delfines, orcas y cachalotes.

Los integrantes del primer grupo se caracterizan por carecer de dientes y en su lugar poseen unas largas barbas (llamadas ballenas), alineadas en la mandíbula superior y que actúan como un filtro para retener el alimento. Las ballenas recogen en su boca una gran cantidad de agua, donde se encuentran multitud de pequeños crustáceos, pequeños peces y otras presas de reducidas dimensiones, y al cerrarla y hacer presión para expulsarla, las barbas actúan de red y retiene las pequeñas presas, que después son tragadas. En la parte superior de la cabeza poseen un único orificio respiratorio.

Los integrantes del segundo grupo presentan dientes, aunque todos del mismo tamaño e igual forma, y que muchas veces aparecen sólo en la mandíbula inferior. Su alimentación consiste en presas de mayor tamaño, e incluso en algunos casos mamíferos marinos, como las focas, como sucede con las orcas. Además, tienen dos orificios respiratorios.

Ambos grupos se encuentran representados en las aguas antárticas. Algunos aparecen también en las del polo norte, o bien en todos los océanos del planeta, como es el caso, entre otros, de la ballena xibarte, del rorcual norteño, del rorcual aliblanco, de la ballena franca, del cachalote y de la orca.

Los primeros presentan unas pautas de conducta y unas costumbres similares aquí a las que poseen en las restantes regiones del planeta. La orca, en cambio, muestra algunas facetas que, por razones evidentes, no puede tener en el hemisferio norte y que revelan la gran inteligencia y capacidad de aprendizaje y adaptación de este cetáceo, que es el mayor de los carnívoros existentes. Así, mientras que en las aguas árticas la orca es una experta cazadora de focas, además de otras muchas piezas que puedan ponerse a su alcance, en la Antártida ha incluido también en su dieta a los pájaros bobos, exclusivos de esta región.

El grupo de los Odontocetos incluye cetáceos dotados de dientes, como las orcas y los delfines, que se alimentan de las presas que capturan, a veces de gran tamaño.

El más grande de los animales vivientes

En la **ballena azul** (*Balaenoptera musculus*) todas las dimensiones son gigantescas. La máxima longitud medida, comprobada científicamente, en un ejemplar fue de 33,5 m, y el mayor peso registrado, de 190 t. Pero las hembras no suelen pasar de 27 m de longitud, por unos 25 m los machos, dimensiones que, no obstante, son considerables y les convierten en los animales más grandes vivientes en la actualidad. Cabe reseñar el pequeño tamaño de la aleta dorsal, que no supera los 35 cm de altura. La boca es la más ancha dentro del género *Balaena*. Lo mismo que les sucede a todas las especies de este género, poseen unos repliegues en la garganta (cuyo número oscila entre 50 y 90), que se extienden hacia atrás llegando al vientre.

El colorido de este cetáceo hace honor a su nombre, pues es de una tonalidad gris azulada uniforme, salvo pequeñas manchas algo más claras dispersas a lo largo del dorso. La zona ventral normalmente es algo más clara, pero muchas veces aparece también de color amarillento, debido a la presencia de numerosos microorganismos que viven en su piel.

La dieta de este gigante está formada exclusivamente por los pequeños crustáceos de plancton marino, de los que llega a consumir entre 3 y 4 t diarias.

Tiene en general costumbres migratorias, realizando largos viajes entre los lugares de cría y de invernada. Suele pasar los meses fríos en latitudes bajas, a veces muy cerca del ecuador, donde el alimento es más

La ballena azul viaja en pequeños grupos durante sus migraciones, aunque en ocasiones llegan a reunirse hasta 60 individuos. Pueden ir bastante separados entre sí, pero mantienen una constante comunicación entre ellos, lo que les permite localizar mejor cualquier fuente de alimento.

escaso, pero cuando llega la primavera se dirige hacia los polos, donde permanece todo el verano en esas aguas tan ricas en plancton. De este modo acumula suficientes reservas para pasar los restantes meses en que escasea el alimento. Con la llegada del otoño a las regiones polares, emprende de nuevo el viaje hacia las áreas cálidas.

Cuando busca su alimento, se sumerge hasta profundidades de unos 100 m como máximo, aunque a veces puede descender hasta 500 m. Los períodos de inmersión suelen prolongarse de 20 a 25 minutos. El chorro de agua que expulsan por el espiráculo al emerger alcanza unos 10 m de altura.

Reproducción y destino del gigante

Los partos tienen lugar en las aguas cálidas de las latitudes bajas, que es también el lugar donde se producen los apareamientos cada año. La hembra, después de una gestación de 11 a 12 meses, da a luz una cría (a veces dos) que al nacer mide ya 7-8 m. La lactancia dura entre 7 y 8 meses, durante los cuales la cría aumenta rápidamente de peso, pudiendo llegar a incrementarse hasta 90 kg diarios. En el momento del destete puede tener una longitud cercana a los 16 m.

El joven continúa con su madre durante bastante tiempo hasta independizarse y vivir separado o entrar a formar parte de un grupo familiar. La madurez sexual la alcanza a los 8-9 años. El lento desarrollo hace que cada hembra tenga por término medio una cría cada 2 o 3 años.

Se trata de animales muy longevos, pues se cree que pueden alcanzar una edad cercana a los 110 años. Pero son pocos los ejemplares que hoy la alcanzan, pues la especie se halla en grave peligro y ya ha desaparecido de buena parte de los mares. La Antártida es el único lugar que se conserva como santuario para estos gigantes, antaño presentes en todas las aguas de nuestro planeta.

Las grandes dimensiones de estas ballenas hicieron que fueran presa favorita de los balleneros y que la industria se dedicara a una matanza exhaustiva, haciendo que sus poblaciones se extinguieran de muchas zonas del planeta y que en muchas otras resulten hoy raras de ver. Sólo en la primera mitad del siglo XX se exterminaron 350.000 ejemplares. Esta persecución consiguió que la especie quedara al borde de la extinción en los años 1960.

En esa época se introdujeron medidas de protección para evitar su definitiva desaparición, a pesar de la fuerte oposición de la industria ballenera que, incapaz de ver el desastre causado, seguía aferrándose a sus ciegos y egoístas intereses comerciales. La Unión Internacional para la Conservación de la Naturaleza clasifica la ballena azul como especie en peligro de extinción, y los últimos censos calculan que no debe haber más de 2.000 ejemplares en todo el mundo, una cifra que, dada la baja tasa de reproducción, supone un serio riesgo de desaparición. Es uno de los muchos ejemplos en los que el interés puramente económico de una minoría logra aniquilar una riqueza perteneciente a toda la humanidad.

Se calcula que la población actual de rorcual común oscila entre los 2.000 y los 5.000 ejemplares, motivo por el cual la Unión Internacional para la Conservación de la Naturaleza lo ha clasificado como especie vulnerable. Son cifras muy bajas que hacen dudar sobre su posible recuperación.

El segundo mayor animal del planeta

El **rorcual común** (*Balaenoptera physalus*) es, después de su pariente la ballena azul, el mayor animal viviente hoy, pues puede alcanzar una longitud de unos 25 m y un peso de unas 70 t, aunque en general sus dimensiones se mantienen entre 19 y 20 m. El chorro de agua que expulsa por el espiráculo al emerger alcanza unos 6 m de altura.

Su aspecto es parecido al de la especie anterior, aunque menor, con la aleta dorsal más alta, de unos 60 cm, y con 84 surcos en la garganta, que llegan hasta la mitad del abdomen. El colorido es pardo grisáceo por la parte superior y blanquecino por la inferior, separadas ambas zonas de manera bastante nítida.

Su dieta está formada principalmente por krill, incluyendo también pequeños peces y algunos otros animales marinos de dimensiones similares. Para capturar sus presas puede sumergirse a 250 m, aunque la permanencia bajo el agua es sólo de unos 15 minutos.

Los rorcuales son, al parecer, monógamos y suelen verse en parejas, aunque durante los viajes migratorios forman pequeños grupos de siete u ocho individuos, y en ocasiones grandes agrupaciones de más de 250 ejemplares. A estas enormes ballenas se las puede observar a veces dando saltos fuera del agua. Lo mismo que sucede con la ballena azul, también emiten una gran variedad de sonidos, no sólo para encontrarse cuando acuden a las zonas de cría, sino también para mantener la cohesión de los grupos durante los largos viajes.

Tanto los apareamientos como los nacimientos tienen lugar en las aguas cálidas de latitudes bajas, pues también pasan el invierno en estas áreas y se desplazan a las regiones polares cuando en ellas se inicia el verano, que es la época en que más abunda el alimento, acumulando durante estos meses las reservas necesarias para mantenerse en las regiones de invernada, que en general son más pobres en recursos tróficos o incluso en los que puede faltar casi por completo.

Lo mismo que sucedió con la ballena azul, el rorcual común fue objeto de intensa caza por parte de los balleneros hasta que se consiguió su protección en el último tercio del siglo XX.

Una ballena cabezuda

El aspecto de este cetáceo ha hecho que reciba muy diversos nombres, tales como **calderón austral**, **ballena rostrada**, **hiperodonto**, **ballena nariz de botella del sur** o **calderón de hocico** (*Hyperoodon planifrons*). Su aspecto es inconfundible, y muy parecido al de su pariente el calderón común (*Hyperoodon ampullatus*). Se supone que ambas especies se separaron en una época relativamente cercana desde la óptica del tiempo geológico, pues se cree que el proceso diferenciador se inició hace unos 15.000 años.

Puede alcanzar una longitud de hasta 8 m, aunque en general los machos miden hasta 2,5 m y las hembras 6,5 m. El peso es de hasta 4 t.

El cuerpo presenta una forma cilíndrica muy similar a la de los delfines, que se va estrechando paulatinamente hacia la cola. La parte superior de la cabeza, más o menos hacia la frente, presenta una protuberancia que puede ser muy acentuada en los machos de mayor edad, pero que se manifiesta con menos fuerza en las hembras y los individuos jóvenes. Es uno de los rasgos que facilitan su identificación. La aleta dorsal mide entre 30 y 40 cm. En el extremo anterior de la mandíbula inferior tienen un par de dientes cortos de forma cónica, que pueden faltar en la hembra y que no poseen los ejemplares más jóvenes.

El cuerpo es de color pardo grisáceo, acentuado en la parte dorsal y anterior, aclarándose por la parte central del vientre. A medida que los individuos van creciendo, su pelaje también cambia de color, aclarándose. Las crías y los jóvenes son de tonalidad más oscura, casi negruzca en algunas de las primeras.

Hay aspectos de la vida de este animal poco conocidos, aunque probablemente deben de ser análogos a los de su pariente del hemisferio norte. La dieta, por ejemplo, es muy probable que esté formada por peces y calamares.

Otro tanto sucede con su reproducción. Tanto los acoplamientos como los nacimientos tienen lugar durante los meses estivales. Las hembras, después de una gestación de 12 meses, dan a luz una única cría, que al nacer ya mide alrededor de 3 m. La lactancia es prolongada, pues dura unos 12 meses. Tiene lugar entonces el destete, y el joven comienza a aprender a buscar por sí mismo el alimento, ayudado al principio por su madre, hasta llegar a su independización.

La madurez sexual la alcanzan los machos a una edad comprendida entre los 7 y los 11 años, mientras que en las hembras se produce entre los 8 y los 12. Se cree que estos calderones llegan a vivir hasta 35 años o algo más.

Viven en parejas o formando pequeños grupos de entre 10 y 12 ejemplares, que se mantienen en mar abierto en busca de comida. Los grupos se mueven siempre muy compactos. Lo mismo que otros muchos cetáceos, emiten también una variada serie de vocalizaciones. Pasan los meses estivales en las frías aguas que rodean la Antártida.

Afortunadamente para el calderón austral, nunca ha tenido interés para los balleneros, pero sus poblaciones son escasas y la Unión Internacional para la Conservación de la Naturaleza lo ha clasificado como especie amenazada.

La tundra, terreno de cría

La tundra constituye un verdadero paraíso para las aves, que encuentran la necesaria tranquilidad y una gran abundancia de alimento.

Entre los mamíferos, el reno es uno de los más característicos de la tundra, donde permanece a lo largo de todo el año.

Una última oportunidad para la vida vegetal

La tundra es uno de los grandes biomas que podemos encontrar en nuestro planeta, que en apariencia se nos muestra desolado e inhóspito, pero que guarda enormes tesoros para la vida y sorprende al viajero que la recorre por vez primera, incrédulo ante la explosión de vitalidad que se presenta ante sus ojos en determinadas épocas del año.

En cierto sentido es equiparable a los grandes desiertos, pues las temperaturas son extremas y el agua escasea. Las precipitaciones son escasas y durante gran parte del año caen en forma de nieve, pero el agua que llega al suelo se infiltra con rapidez y desciende a las capas de terreno congelado. Así,

Paisaje característico de la tundra norteamericana. El parque nacional de Denali, en Alaska, con el monte McKinley al fondo, alberga una rica representación de la fauna de este ecosistema.

Durante el breve período estival de la tundra, las plantas despiertan del letargo invernal; las que requieren más tiempo continúan su ciclo vital y las de menor porte lo completan con rapidez. Este período de abundancia de la vida vegetal atrae a una numerosa fauna migradora.

esa escasez es de tipo fisiológico, de modo que hay agua abundante, pero no está disponible para los seres vivos pues se halla gran parte del año en forma de hielo y sólo en la temporada cálida se convierte en líquido.

Pero este deshielo no afecta por igual a toda la masa de agua congelada, sino sólo a las capas más superficiales, por lo que a cierta profundidad del suelo, a menudo muy escasa, el terreno permanece helado a lo largo de todo el año, constituyendo lo que se denomina permafrost.

La tundra es un bioma que se extiende fundamentalmente por el hemisferio septentrional, pues sólo en algunas áreas del extremo meridional de Suramérica se dan unas condiciones equiparables, aunque a escala mucho menor. En las regiones montañosas de Europa y Norteamérica, principalmente, existen algunos elementos faunísticos de tipo relicto, que se corresponden con la fauna propia de la tundra y que permanecen allí aislados desde las épocas de las grandes glaciaciones, cuando los hielos hicieron que las condiciones de la tundra se dieran en latitudes muy inferiores a las actuales. Estas islas de tundra en regiones meridionales corresponden a la zona de los prados alpinos, pero lo son sólo por esas especies animales allí presentes, pues se dan en ellas otras muchas condiciones que no se dan en las regiones antárticas, como la duración de las estaciones y la incidencia de los rayos solares, que condicionan la vida vegetal.

La vida vegetal en la tundra

Ese hecho posee una enorme relevancia para el conjunto de la vida en estas regiones, pues limita de modo notable la existencia de las formas vegetales. Por un lado está la breve temporada de temperaturas aptas para el crecimiento vegetal, que obliga a las plantas a realizar en muy poco tiempo su ciclo vital, o bien completarlo en la siguiente temporada y permanecer el largo invierno en estado de vida latente.

Por otro lado, la escasa profundidad del suelo apto para sustentar la vida vegetal impide que las plantas tengan raíces profundas, lo que limita de modo decisivo el tipo de especies que puede crecer aquí, que se reducen a líquenes, musgos y plantas herbáceas. Sólo en algunos lugares donde las condiciones especiales de orientación, pendiente u otros factores favorables conducen a la formación de un microclima algo más cálido, el permafrost comienza a mayor profundidad, siendo entonces posible la aparición de especies vegetales de porte algo mayor, aunque se reduce en todo caso a pequeños arbustos o formas enanas de especies arbóreas. Estas condiciones microclimáticas se hallan en mayor medida en las áreas meridionales de la tundra, formando así un cinturón de vegetación de mayor altura que antecede a la taiga.

También se da un gradiente de rigor climatológico en función de la mayor o menor cercanía al mar, de modo que las áreas de la tundra situadas a orillas del océano, aunque en latitud más alta, presentan un clima más benigno y mayor riqueza vegetal que otras que se hallan por el interior.

Por tanto, la flora es pobre en especies, aunque cada una de éstas cuenta con numerosos individuos, y otro tanto sucede con la mayoría de las especies animales de estos parajes.

La corta temporada estival es aprovechada por la mayoría de las plantas para completar su ciclo vital, y a las pocas semanas de comenzar el deshielo, buena parte del paisaje se halla cubierto de un manto verde con millones de flores de diversos colores. Las plantas herbáceas producen en estos días sus órganos florales para que el viento o los insectos las polinicen y así se perpetúen.

Esa temporada estival es reducida, pues comienza como muy temprano en el mes de junio y finaliza en septiembre. Pero la alta latitud hace también que el sol permanezca mucho tiempo sobre el horizonte, reduciéndose la noche hasta casi desaparecer por completo durante algunas semanas en las áreas más septentrionales. Las plantas aprovechan al máximo esa disponibilidad de energía y su organismo funciona a pleno rendimiento, prácticamente las 24 horas del día.

Por último, cabe destacar la decisiva importancia de los líquenes como elemento capital en todas las cadenas tróficas que se dan en la tundra. La hierba, los frutos, las hojas y otras partes vegetales aparecen sólo durante breves períodos de tiempo o en lugares muy restringidos. En cambio, los líquenes, dotados de una gran resistencia frente a las condiciones extremas que ahí imperan, aunque de crecimiento lento, son el alimento fundamental de los herbívoros, desde el lemming al reno, y con ello permiten que depredadores como el zorro ártico o el lobo encuentren proteínas animales de las que alimentarse. Este papel de tanta relevancia de los líquenes hace que a dos de sus géneros más abundantes, *Cetraria* y *Cladonia*, que constituyen el alimento principal de los grandes herbívoros, se les conozca comúnmente bajo la denominación de «líquenes de renos».

Uno de los elementos esenciales de la vegetación de la tundra es el liquen de los renos. Desempeña un papel esencial en el ecosistema y gracias a él sobreviven muchos de los animales que viven en ella.

La fauna de la tundra

Los dos factores que limitan la vida vegetal en estas áreas del planeta, determinan también la existencia de la fauna. La temperatura hace que los representantes zoológicos de la vida en la tundra sean en su mayoría animales homeotermos (de sangre caliente), capaces de mantener su fisiología en funcionamiento a pesar de las condiciones externas.

Así, son los mamíferos y las aves los actores principales que proporcionan vitalidad al paisaje. Pero no los únicos, y de modo excepcional y limitándose sólo a los breves períodos cálidos, aparecen también algunos insectos, sobre todo mosquitos, que forman verdaderas nubes que pueden constituir un obstáculo casi insalvable para el visitante que se adentra en las áreas de humedal, donde el deshielo ha creado someros encharcamientos.

Los herbívoros desempeñan aquí un papel de gran importancia, equiparable sólo a la que tienen en otros ecosistemas, tan lejanos como el de la sabana africana.

Las especies presentes son muy escasas, pues se estima, por ejemplo, que aparecen en la tundra 70 aves de

El oso polar es un visitante frecuente de la tundra y aprovecha la época de cría de aves y mamíferos para capturar sus presas. Se trata del mayor depredador terrestre que habita en esta región y contribuye a mantener sanas las poblaciones de herbívoros.

las más de 8.600 que existen en el planeta, y 23 mamíferos de los más de 3.200 que pueblan la Tierra. Esta escasez específica, de manera análoga a lo que sucede con las plantas, se ve compensada por el gran número de individuos que constituyen sus poblaciones.

Otra característica de la fauna de la tundra es su carácter a menudo transitorio. Muchas especies permanecen en estos territorios sólo durante la estación favorable, sobre todo las aves, dotadas de mejores medios de desplazamiento. Cuando comienzan a llegar los fríos, estas aves emprenden el viaje hacia tierras más cálidas, donde permanecerán hasta que la primavera boreal les brinde las condiciones adecuadas para criar, en la mayoría de los casos.

Muchos mamíferos también frecuentan la tundra de modo ocasional. Algunos proceden de áreas más frías, como los osos blancos, que acuden a tierra firme en busca de presas cuando los hielos árticos dejan de brindarles las suficientes oportunidades. Otros, en cambio, llegan de latitudes inferiores, atraídos también por la abundancia de alimento en los breves meses cálidos. Tal es el caso de los zorros y los lobos.

Pero hay también algunos que permanecen todo el año por estas tierras, adaptándose perfectamente a tan duras condiciones. Muchos son pequeños y aprovechan la cubierta vegetal que brindan los arbustos y matas de porte reducido, que al quedar cubiertos por la nieve crean una capa protectora bajo la que se crea un microclima menos adverso, o bien excavan pequeñas madrigueras. Tal sería el caso del lemming, la liebre ártica y la perdiz nival. Otros, de mayores dimensiones, se cubren de un grueso abrigo de piel que les protege, como los renos, o de un mullido acolchado de plumas, impenetrable al frío, como el búho nival.

Grandes herbívoros, donde la sobriedad es virtud

La reducida variedad de nutrientes disponibles y la escasez de muchos de ellos hace que los grandes comedores de hierba se hayan adaptado a alimentarse de todo lo disponible en la tundra en cada época del año.

La hierba, presente sólo en verano, constituye un alimento jugoso y apetecido, tras la que realizan largas migraciones, pero durante el resto de las estaciones han de recurrir a los abundantes líquenes, que complementan con musgos y hojas, así como cortezas de arbolillos enanos en donde éstos forman pequeños bosquetes. A pesar de esta relativa pobreza de recursos alimentarios disponibles durante gran parte del año, estos animales han sabido sacar el mejor provecho de esa breve y escueta lista de vegetales.

Veremos ahora los dos grandes herbívoros de la tundra, el reno, que forma enormes rebaños, y el buey almizclero, de apacible vida en pequeños grupos familiares.

¿Primos o hermanos?

Algunos autores afirman que se trata de dos especies distintas, o a lo sumo subespecies, pero la mayoría está de acuerdo en que son sólo variedades o razas geográficas de una misma especie, lo que explica las diferencias de tamaño, a veces notables, como sucede entre muchos otros repre-

El caribú es la forma salvaje del reno eurasiático; alcanza unas grandes dimensiones y es el único cérvido que puebla los inhóspitos paisajes de la tundra norteamericana.

sentantes de la fauna del hemisferio septentrional. Hablamos del **reno** (*Rangifer tarandus*) para los europeos y asiáticos, conocido como **caribú** por los americanos. Una diferencia entre ambos es que el primero se halla en su totalidad en estado de semidomesticidad, mientras que el segundo es salvaje, lo cual puede servir para emplear cada uno de los nombres designando un tipo de vida, separado geográficamente con claridad.

En todo caso, las diferencias entre ambos son mínimas, salvo en la apariencia externa y el tamaño, y no afectan a su aspecto esencial, por lo que la descripción de uno u otro es válida por igual, excepto en las cuestiones más relacionadas con la vida silvestre del animal. Se trata de la especie de cérvido que habita en latitudes más altas, exclusiva del hemisferio septentrional y alrededor de la cual se ha desarrollado una amplia cultura entre los pueblos que habitan el gran norte y que ha dado pie a su presencia en numerosas de las leyendas y mitos europeos.

Una anatomía cincelada para el gran desierto helado

La gran variedad de razas del reno hace que sus dimensiones oscilen dentro de unos márgenes muy amplios. La longitud total del cuerpo varía entre 120 y 240 cm, con una altura en la cruz de 85 a 140 cm. La cola, relativamente corta, mide de 7 a 21 cm. En cuanto al peso, puede variar desde los escasos 60 kg de las hembras de las razas más pequeñas a los más de 300 kg que llega a pesar un gran macho de caribú de la taiga.

Se observa un notable dimorfismo sexual en lo que se refiere al tamaño que alcanzan los ejemplares, siendo las hembras bastante más pequeñas que sus compañeros. Existe también una gran diferencia entre las razas propias de las áreas más septentrionales de la tundra, carentes cobertura arbórea, y las que viven en los límites inferiores de esta región y penetran por la taiga, es decir, los renos de bosque. Éstos son mayores y mucho más pesados, incluso el doble que sus parientes de llanura.

El tronco de los renos es fuerte y de forma cilíndrica, con un cuello grueso y la cabeza dotada de cuerna en ambos sexos, un caso único dentro de la familia de los Cérvidos. Pero las cuernas de los machos son mucho mayores y con más puntas que en las hembras. Y se da la circunstancia de que la caída de la cornamenta no es simultánea en ambos sexos. Los machos la pierden antes de la llegada del invierno, después del celo, mientras que las hembras la mantienen hasta después de haber parido.

Los renos también poseen una característica peculiar que no aparece en otros ciervos, y es el hecho de que tie-

Las anchas pezuñas de los renos, extensibles, forman una amplia base que resulta apta tanto para desplazarse sobre la nieve como sobre los terrenos blandos de tremedales y zonas encharcadas.

El invierno supone para todos los habitantes de la tundra que no han emigrado una época de penuria, en que la selección natural irá eliminando a los que estén peor adaptados al entorno.

nen el hocico peludo, lo que debe interpretarse como una adaptación especial tendente a impedir que el aire helado penetre en los pulmones directamente. El hocico peludo sirve para mantener una temperatura más alta en el interior de la cavidad nasal, con lo que el aire que llega al sistema respiratorio se encuentra ya lejos del frío del exterior. Esto es importante para evitar muchas enfermedades, sobre todo durante los largos inviernos, donde a las bajísimas temperaturas se une la elevada humedad relativa del aire que existe casi siempre en la taiga. El sentido de la vista de estos ciervos es bastante deficiente y utilizan sobre todo el olfato para detectar el alimento o la cercanía de algún enemigo.

Las patas de los renos son fuertes y finalizan en unos amplios pies, anchos y aplanados, con las dos mitades de la pezuña extensibles y ligeramente cóncavas por su interior, de modo que forman una especie de raqueta, muy apta para desplazarse en invierno sobre la nieve y en verano sobre el terreno húmedo y esponjoso que queda tras el deshielo o cuando atraviesan las turberas. Además, los numerosos pelos que crecen alrededor, contribuyen a aumentar su capacidad de sujeción sobre terrenos resbaladizos. Una utilidad adicional de estos cascos afilados es la de servir de paletas para excavar en invierno entre la nieve endurecida y poder acceder a los líquenes que hay debajo y que constituyen en esa temporada su única fuente de alimento.

A pesar de su aspecto relativamente compacto y algo tosco, sobre todo los ejemplares domesticados, se desplazan con una notable ligereza y al trote son capaces de alcanzar los 80 km/h de velocidad punta para ponerse fuera del alcance de los lobos u otros depredadores habituales.

Como sucede con gran parte de los animales propios de climas frescos o fríos, presentan dos pelajes, uno propio del invierno, muy denso, lanudo y con una gruesa capa de borra en la base, que proporciona un excelente aislamiento contra el frío, y otro más ligero y más corto, que se desarrolla durante la época estival. Alrededor del cuello el pelo es muy denso y largo, formando una especie de crin colgante a ambos lados.

En cuanto al colorido, hay también una amplia variedad, incluso dentro de una misma raza es frecuente encontrar individuos de distintas tonalidades. Pero en general presentan un color más o menos pardo o grisáceo, con la parte ventral más clara o blanquecina. Aun así, no son raros los individuos negros o incluso totalmente blancos, aunque esto último ocurre sólo en algunas regiones de Groenlandia y del noreste de Canadá.

Vida y costumbres del cérvido del norte

Como la gama de alimentos que la tundra puede ofrecer a los animales vegetarianos es bastante reducida, los renos, al igual que otras muchas especies de la región, consumen cualquier alimento vegetal disponible, excavando en invierno entre la nieve para extraer algunos líquenes helados, que son entonces el componente casi único de su dieta. En cambio, el verano es la época de la abundancia, con hierbas, hojas frescas, brotes y musgos, no desdeñando tampoco la corteza tierna de los pocos abedules enanos que crecen en algunas zonas.

Son animales de costumbres diurnas y gregarios. Se reúnen en rebaños que varían entre unas pocas decenas de individuos y un millar, aunque se citan casos de 200.000 cabezas. Pero también es frecuente encontrar grandes machos solitarios, que vagan por la tundra gran parte del año, aunque a veces se incorporen durante el invierno a los rebaños.

Los estudios han revelado que dentro de los rebaños existen determinadas jerarquías, en que los distintos individuos ocupan escalones diferentes en función de la envergadura y la fuerza de su cornamenta. Esto hace que al perderla en épocas diferentes los machos y las hembras, se produzca un cambio cíclico de rol de cada sexo en función de que posea o no cuernos. Así, en invierno, cuando los machos carecen de cuernos, las hembras ocupan los escalones dominantes en el rebaño, mientras que después del nacimiento de las crías, cuando ellas los pierden, son sus compañeros los que pasan a ocupar ese puesto de dominancia. Además, las crías ocupan siempre el mismo nivel jerárquico que sus madres dentro del rebaño, variando de manera estacional con el de ellas.

Muchas poblaciones de renos son migradoras y llevan a cabo largos viajes, de hasta 1.000 km, en busca de alimento, recorriendo entre 20 y 55 km cada día, aunque a veces mantienen el trote durante más tiempo y superan con creces esos recorridos. En esos viajes es frecuente que se reúnan varios rebaños para formar una enorme masa que se desplaza a lo largo de la tundra, constituyendo un magnífico espectáculo, sólo comparable al de la migración anual de los ñus y cebras en la sabana africana.

Los renos de bosque tienen unas costumbres algo más sedentarias, lo cual se debe en buena medida a la mayor disponibilidad de alimento, que no les obliga a recorrer grandes distancia en su búsqueda. Pero cuando llega la primavera, comienzan a desplazarse desde el interior de la taiga hacia sus márgenes, para llegar a los espacios abiertos cuando comienza la gran temporada del período vegetativo de las plantas, que cubre las llanuras de inmensas pasturas. En general, las hembras, muchas de las cuales van preñadas de la anterior temporada, son las que primero emprenden la marcha hacia esas áreas de pastos, seguidas unas tres o cuatro semanas después por sus compañeros.

Cuando se encuentran en sus desplazamientos con cursos de agua, no dudan en atravesarlos pues son muy buenos nadadores, que incluso se adentran por el mar para cruzar de una isla a otra. Los caminos que siguen los rebaños son siempre los mismos, una ruta que a lo largo de los siglos ha ido quedando impregnada en el acervo común de la especie y que hace que las vías por las que circulen queden marcadas, formando verdaderos senderos a lo largo de la tundra.

Entre los renos de bosque se dan dos períodos más marcados de migración anual. Uno es al final del verano, cuando se retiran al interior de la taiga, pe-

Los renos llevan a cabo un constante nomadeo en busca del alimento, que en ocasiones se convierte en una verdadera migración. En sus viajes no dudan en cruzar a nado grandes masas de agua.

La larga barba que cuelga del cuello de los machos en la época reproductora es característica de los renos, lo mismo que una bolsa del cuello, que se amplía durante esta época y sirve como caja de resonancia para los bramidos. Los enfrentamientos son más bien rituales.

netrando entre 50 y 100 km por el bosque y donde permanecerán hasta la llegada de la época cálida del año siguiente. El otro período lo señala la llegada de la época estival, en la que acuden a la tundra para alimentarse de pastos.

También durante el verano, cuando en las zonas bajas y encharcadas de las llanuras, millones de mosquitos constituyen una plaga con verdaderas nubes en busca de animales de sangre caliente, los renos optan por trasladarse hacia tierras más altas, en las que se ven libres de estos atormentadores insectos.

Los principales enemigos de los renos son los lobos, los glotones, los zorros y los linces, y de modo ocasional el oso blanco cuando en verano se adentra por las regiones costeras de la tundra. Pero los que más padecimiento les provocan son los parásitos, que se fijan a su piel e incluso perforan en ella túneles y galerías, como es el caso de muchas moscas que depositan en el dorso de los animales sus huevos. Las larvas de estos dípteros completarán gran parte de su ciclo vital dentro de la piel del reno para, finalmente, perforarla y poder salir así al exterior y transformarse en individuos adultos.

Reproducción e importancia del reno en las culturas del frío

Cuando el corto período estival de la tundra va llegando a su fin, se inicia la época en que se despierta el instinto reproductor de estos cérvidos. Las hembras entran en celo varias veces a lo largo de la estación, a intervalos que varían entre 10 y 12 días, aunque la mayor parte de las cópulas se produce durante los meses de septiembre y octubre, dependiendo de cada población. Tiene lugar antes en las áreas más septentrionales, donde primero llega el invierno.

Es entonces, durante el otoño, como conocemos en otras muchas especies de ciervos, cuando la llanura se llena del bramido de los machos en celo, un sonido que se amplifica gracias a una bolsa gular que llevan en el cuello y que se hincha hasta el tamaño de un puño, sirviendo así de caja de resonancia. También durante este tiempo el pelo del cuello alcanza una gran longitud, formando casi una larga melena que desciende. Durante este tiempo, los machos compiten entre sí, aunque sin llegar a tener verdaderos enfrentamientos como sucede, por ejemplo, con los venados del bosque de caducifolios. Imponiéndose unos a otros consiguen reunir a su alrededor un grupo de entre 5 y 15 hembras, a las que siguen a medida que van estando receptivas, pero sin impedir que ellas se vayan a otro lugar, donde pueda haber otros machos, de modo similar a como hacen los alces y, por tanto, sin llegar a constituir los

A diferencia de la mayoría de los restantes grandes ciervos, los renos no llegan a formar verdaderos harenes. Los machos más fuertes siguen a las hembras receptivas, pero no impiden que éstas se vayan a los terrenos de otros machos.

harenes que caracterizan a la mayoría de los restantes ciervos.

Hacia finales de la primavera, después de una gestación de unos 200 a 240 días, las hembras traen al mundo en general una sola cría, y raras veces dos, aunque se conocen casos de partos múltiples con cuatro crías, si bien esto es algo excepcional y plantea graves problemas a la hembra para atender a su prole.

La mayoría de los nacimientos se produce dentro de un breve período que se prolonga unas dos semanas. Los partos tienen lugar en las áreas despejadas hacia donde se desplazan los renos en busca de pastos nuevos, a los que llegan primero las hembras, fenómeno que se observa en particular en el caso del caribú. Estos lugares son los mismos año tras año. Tras la paridera, cuando ya se anuncia el verano, llegan los machos.

Los pequeños pesan entre 5 y 9 kg al nacer, y apenas una hora después de ver el mundo por primera vez ya son capaces de seguir a su madre. Estas primeras horas de vida son decisivas para establecer los vínculos entre ambos, pues es el período sensible que fijará en ellos las características de reconocimiento. Es así hasta el punto que si el pequeño reno es recogido por una persona en esos momentos, irá detrás de ella como si se tratara de su madre. Pero las hembras se muestran muy celosas de sus pequeños y expulsan a cualquier otro individuo que se acerque a ellos durante las primeras semanas de vida.

La lactancia se prolonga a lo largo de cerca de un mes, o algo más en algunos casos, aunque acaba siempre antes de la llegada del invierno. La madurez sexual se alcanza entre los 12 y los 15 meses, y la longevidad puede llegar hasta los 13 años, aunque en general viven mucho menos.

El reno es uno de los animales que con mayor frecuencia se encuentra en las antiguas representaciones prehistóricas de los pueblos de Eurasia. Aparece en figuras de marfil y de hueso labradas por los cazadores de las regiones frías. No sólo era una especie a la que se recurría como fuente de alimento, sino que parece que desempeñaba un papel totémico.

Los renos tienen una gran importancia para los pueblos septentrionales, constituyendo para algunos de ellos, como los lapones, el principal medio de subsistencia. En esas regiones viven en estado de semidomesticidad, en rebaños que regularmente son controlados, pero es la actividad del cérvido la que obliga al hombre a adaptarse y no al contrario, como sucede con otros animales. Así, los lapones y otros pueblos del norte de Eurasia llevan una vida trashumante siguiendo a sus rebaños cuando buscan el alimento. Esta actividad es muy antigua pues, según los datos disponibles, existían rebaños de esta condición en el siglo IX, aunque es probable que a menor escala la domesticación comenzara ya antes.

A diferencia de los lapones y distintos pueblos del norte de Siberia, los esquimales y otras etnias de las regiones septentrionales de Norteamérica nunca han practicado este pastoreo e incluso los intentos modernos de introducir esta práctica entre ellos han acabado en fracaso. Por esta misma razón el caribú se mantiene aún en estado salvaje en nuestros días, a diferencia de los renos eurasiáticos.

El reno ha sido también objeto de caza por su carne y su pelo. Al remontarse esta actividad a tiempos prehistóricos, la especie ha desaparecido de gran parte de Europa, quedando sólo en las áreas más septentrionales. Durante la época de las glaciaciones, hay constancia de la presencia de rebaños de renos en distintas áreas de la zona mediterránea.

En algunas regiones de su amplia área de distribución, la especie está protegida, para evitar la extinción de los rebaños salvajes. Los rebaños domésticos, en cambio, se mantienen a un nivel estable.

Distribución, variedad y estado actual de la especie

El área de distribución del reno es muy amplia, pues se extiende alrededor de casi toda la región ártica. Se halla en las áreas septentrionales de Norteamérica, donde llega hasta los 50 o 52° de latitud norte, las regiones costeras de Groenlandia, las islas de Spitzberg, el norte de Escandinavia y gran parte de las regiones septentrionales de Asia.

El que una especie ocupe durante tanto tiempo unos territorios tan amplios es un factor determinante de la aparición de variedades geográficas o razas, con algunas características diferenciadoras, que en este caso se refieren principalmente a las dimensiones del cuerpo y la cornamenta y al colorido del pelaje. Se admite en general que se trata de 12 razas, propias cada una de un determinado ámbito geográfico, aunque con frecuentes mezclas en las áreas limítrofes. Son las siguientes:

El **reno común** o **reno del norte de Europa** (*Rangifer tarandus tarandus*), presente desde el norte de Noruega hacia el este, hasta la línea marcada por los Urales, don-

La cuerna del caribú alcanza unas notables dimensiones. Conocido también como reno de bosque, el caribú es la variedad salvaje que vive en la región oriental de Canadá y también es la que mayores dimensiones alcanza de las diversas razas de renos.

de puede encontrársele hasta cotas medias.

El **reno de Nowaja-Semlja** (*Rangifer tarandus pearsoni*), distribuido por las islas de Nueva Zembla, entre el mar de Barents y el de Kara.

El **reno siberiano** (*Rangifer tarandus sibiricus*), que vive en las llanuras de Siberia occidental.

El **reno de bosque asiático** (*Rangifer tarandus valentinae*), presente en las zonas limítrofes entre la tundra y la taiga, en Siberia central.

El **reno de Bargusin** (*Rangifer tarandus angustirostris*), que ocupa unos territorios más meridionales dentro de Eurasia, pues vive en el sur de Siberia central, al este del lago Baikal.

El **reno de Kamtschatka** (*Rangifer tarandus phylarchus*), que se halla en la península homónima, en Siberia oriental, abierta al mar de Bering.

El **reno de Bergren** (*Rangifer tarandus montanus*), del oeste de Norteamérica, desde 50 o 52° de latitud norte hasta la costa del océano Ártico.

El **reno de Barren-Ground** (*Rangifer tarandus articus*), distribuido por el norte de Canadá desde el océano Ártico hasta la bahía de Hudson.

El **reno de bosque** o **caribú** (*Rangifer tarandus caribou*), que se encuentra en la región oriental de Canadá, ocupando gran parte de la península de Labrador. Es la variedad salvaje de bosque que sirve de referencia para la descripción característica de la especie y, también, la que mayores dimensiones alcanza.

El **reno de Ellesmere** (*Rangifer tarandus pearyi*), que habita en la isla de este nombre, en el océano Ártico.

El **reno de Groenlandia** (*Rangifer tarandus groenlandicus*), que se distribuye por las franjas costeras occidental, septentrional y algunos puntos de la meridional de esta gigantesca isla.

El **reno de Spitzberg** (*Rangifer tarandus plathirhynchus*), propio de estas islas, en el océano Ártico.

Conocido desde la prehistoria según demuestran los restos arqueológicos encontrados en Europa, el área de distribución del buey almizclero se limita hoy a algunas zonas de la tundra.

Un bóvido de aspecto arcaico

El aspecto del **buey almizclero** (*Ovibos moschatus*), algo arcaico, nos trae a la mente imágenes de tiempos muy antiguos, sobre todo de la larga época en que buena parte de las latitudes medias y altas del hemisferio norte estaban cubiertas por una espesa capa de hielo y en la que nuestros antepasados luchaban contra grandes animales provistos de gruesos y largos pelajes. El buey almizclero se halla ya representado en pinturas rupestres y figurillas prehistóricas en Europa.

Es un bóvido de entre 1,9 y 2,1 m de longitud, a los que deben añadirse los 9 a 10 cm correspondientes a la cola. Alcanza una altura en la cruz entre 1,2 y 1,5 m. Su peso oscila entre 200 y 410 kg, aunque algunos ejemplares mantenidos en cautividad han llegado a superar los 600 kg. Presentan en general un dimorfismo sexual que se manifiesta sobre todo en las dimensiones, mayores en los machos que en sus compañeras.

Es un animal de cuerpo macizo que recuerda vagamente a un bisonte y cuyo aspecto resulta reconocible con facilidad, no confundiéndose con ningún otro poblador de la tundra. El cuerpo grueso se apoya sobre fuertes patas, relativamente cortas y finalizadas en grandes pezuñas, lo que les da el aspecto de recias columnas de amplia base, aptas para sujetar el peso del animal. Los hombros forman un resalte a modo de joroba; siguen el cuello, que es corto, y la gruesa cabeza. En la parte alta de ésta, y por su parte central, nacen los cuernos, casi pegados a la base, que descienden después por los lados y en su extremo se curvan para dirigirse hacia arriba, lateralmente. Estos cuernos están presentes en ambos sexos, aunque los de los machos son más gruesos y algo más largos que los de las hembras. Las orejas resultan prácticamente invisibles debajo de la densa mata de pelo que las recubre. Por delante de los ojos llevan glándulas preorbitales. La cabeza finaliza en un corto y ancho hocico, desnudo.

Una de las características del animal que le confieren un aspecto más arcaico es su largo y denso pelaje, que en las patas desciende hasta llegar casi a los pies. Es de color pardo oscuro. Constituye una excelente protección contra el frío, pues debajo de los largos pelos existe una densa capa de borra que aísla por completo al animal del exterior. Sólo el hocico y las patas presentan una tonalidad más clara que el resto del cuerpo, lo mismo que la parte central del dorso, que adopta un tono ocre, sobre todo en los grandes machos.

Posee un buen sentido de la vista y del oído y, a pesar de su aspecto tosco y pesado, corre con velocidad y se mueve con gran agilidad por el terreno. Además, las anchas pezuñas le proporcionan una buena base de sustentación, lo que le permite desplazarse con mucha facilidad sobre suelos blandos.

El nombre científico del género al que pertenece, *Ovibos*, hace justicia a sus relaciones de parentesco, pues se halla a mitad de camino entre los carneros (género *Ovis*) y los bueyes propiamente dichos (género *Bos*), compartiendo características de ambos. Pero los zoólogos que han estudiado la historia evolutiva de este animal han llegado a la conclusión de que su pariente más cercano es el takín, otro bóvido, de extraño aspecto que recuerda a una gamuza, que habita en las montañas del sureste asiático y en las estribaciones orientales del Tibet.

Las costumbres del pacífico buey

La escasez y la poca variedad de alimentos de la tundra hacen que el buey almizclero tenga una dieta similar a la del otro gran herbívoro de este bioma, el reno. Así, consume todo tipo de ma-

teria vegetal que crece en esa área, tanto hierba y musgos como líquenes, brotes, cortezas, etc., y hongos. Igual que el reno, en los largos meses del invierno ártico se ve obligado a excavar en la nieve para llegar hasta los tallos congelados de musgos o hierbas que pueda haber debajo. Cuando lo hace, cada individuo despeja una zona que defiende frente a sus congéneres.

Se trata de un animal social, que vive en grupos de una o dos decenas de individuos, aunque puede llegar a formar rebaños de hasta un centenar de cabezas, sobre todo durante el invierno, logrando así formar unidades grandes que pueden defenderse mejor contra los depredadores. Los grupos están constituidos por un macho dominante, con varios ejemplares jóvenes de ambos sexos y algunas crías, que permanecen unidos durante todo el invierno. Sólo con la llegada de la época estival, el macho dominante se vuelve hostil a los otros machos y los expulsa del grupo, que queda entonces constituido por el macho y el harén de hembras con sus crías.

Los machos expulsados del harén durante el período estival forman grupos de solteros o, si tienen mayor edad y son más fuertes, intentan conquistar un harén. Los enfrentamientos entre ellos consisten en amagos en los que muestran su poderío e intentan amedrentar al contrincante para que se retire. Esto va acompañado de bramidos y, si llega la ocasión, embestidas golpeándose en la cabeza al entrechocar los cuernos.

Un aspecto del comportamiento de los bueyes almizcleros que resulta muy curioso y característico de estos animales es la maniobra defensiva que llevan a cabo cuando se ven amenazados por depredadores, como una jauría de lobos o algún oso blanco, que son sus principales enemigos naturales. Esto sucede principalmente durante el invierno, que es cuando forman rebaños mixtos y cuando los depredadores se encuentran ante una mayor necesidad de buscar presas. Los adultos se disponen en círculo, dejando en el interior a las crías, y bajando la cabeza dirigen la punta de sus cuernos hacia el enemigo, mientras que posiblemente el macho dominante, acompañado a menudo por otros machos, salga y se enfrente a ellos para hacerlos huir. Si el atacante persiste en su ofensiva, el grupo puede emprender una rápida huida e incluso lanzarse al agua y así ponerse a salvo.

Se trata de una táctica de gran eficacia que los hace prácticamente inexpugnables frente a sus enemigos naturales, salvo ante el hombre provisto de armas de fuego, que puede abatir sin riesgo alguno a estos pacíficos bóvidos. Por esto, a comienzos del siglo XX la especie se encontró gravemente amenazada de extinción, pues un solo cazador con un par de perros era suficiente para acabar con todos sus componentes en pocos minutos.

También hacen frente a las tempestades y a las frecuentes ventiscas del in-

El buey almizclero es un animal gregario que forma grupos, que en invierno pueden llegar a casi un centenar de individuos. Es característica la manera en que se agrupa para defenderse de los depredadores.

La tasa de natalidad del buey almizclero es baja, pues las hembras suelen tener una única cría sólo cada dos o tres años. En los años muy fríos, la mortalidad de las crías es muy elevada.

vierno agrupándose. Se juntan entonces todos formando una especie de cuña, ocupando el macho dominante, que es el más vigoroso, la punta de esa cuña, mientras que las crías y las hembras gestantes, que son las más débiles, se sitúan protegidas en el centro. El grupo se coloca, además, con las grupas en la dirección que sopla el viento, manteniendo así las cabezas, y con ello los orificios nasales, más resguardados.

No son animales territoriales, sino que llevan una vida errática, constantemente en busca de pastos adecuados. Durante el verano es frecuente que se desplacen por las orillas de ríos y lagos, mientras que a lo largo de los meses invernales prefieren situarse por los terrenos algo más elevados, donde la capa de nieve es menos gruesa y les dificulta menos el avance.

En el período estival se mantienen activos principalmente durante las largas horas diurnas y gustan de revolcarse en el barro, dándose así baños que les sirven para protegerse de los parásitos externos. En el prolongado invierno, cuando las horas del día son muy escasas o incluso, durante la época central, casi inexistentes, la búsqueda del alimento se prolonga en plena oscuridad.

La difícil reproducción y la distribución de la especie

La época de la reproducción coincide con los meses estivales, alcanzando su máximo a mediados de agosto, cuando tienen lugar principalmente los apareamientos. El macho dominante del grupo mantiene a su alrededor un harén, formado por las hembras que lo constituían a lo largo del invierno.

Durante la época de la reproducción, los machos desprenden un intenso olor a almizcle, que les ha valido el nombre por el que se designa la especie. Este olor, más acentuado durante esta época, se mantiene también el resto del año, aunque con menor intensidad.

Al cabo de 8-9 meses, entre mayo y junio, nacen los terneros. Cada hembra pare una única cría y sólo raras veces trae al mundo un par. La frecuencia de los partos es baja y cada hembra suele tener descendencia sólo cada dos o tres años. Además, en los años más húmedos y fríos, la mortalidad entre las crías es muy elevada. Esto hace que la tasa de multiplicación de estos bóvidos sea lenta, aunque algunas observaciones apuntan a que si las condiciones ambientales y de disponibilidad de alimento son favorables, las hembras pueden tener terneros cada año.

Al cabo de poco más de una semana, los pequeños ya están en condiciones de consumir hierba fresca, aunque continúan con la lactancia hasta alcanzar, aproximadamente, el año de edad. Un año más tarde, a las hembras les llega la madurez sexual. Los machos, en cambio, no la alcanzan hasta después de los 5 años.

El área de distribución del buey almizclero se extiende por la franja costera del norte de Groenlandia, las regiones más septentrionales de Canadá y el complejo conjunto de islas que se extiende desde las costas canadienses hasta las de Groenlandia.

En la actualidad, es una especie protegida, permitiéndose sólo la caza con los métodos tradicionales a los pobladores autóctonos de la región, que la capturan por su carne y su piel. El ciervo almizclero estuvo a punto de extinguirse a causa de la caza incontrolada, pero en 1917 se prohibió, con lo que sus poblaciones se recuperaron.

Se estima que en la actualidad y para el conjunto de todas las áreas existen entre 65.000 y 80.000 ejemplares.

BUEY ALMIZCLERO

CLASE > MAMÍFEROS | ORDEN > ARTIODÁCTILOS | FAMILIA > BÓVIDOS | ESPECIE > OVIBOS MOSCHATUS

CARACTERÍSTICAS

Longitud	190-210 cm
Altura en la cruz	120-150 cm
Peso	200-410 kg
Color	pardo oscuro, con el dorso ocre
Gestación	8-9 meses
Alimentación	hierba, musgos, cortezas, brotes, líquenes, hongos

VIDA Y COSTUMBRES

- Animal de aspecto arcaico que vive formando rebaños de un macho dominante, individuos jóvenes y hembras con sus crías. En invierno se reúnen grupos más numerosos. Se alimenta de todo tipo de materia vegetal. Para hacer frente a las inclemencias del tiempo se junta un grupo compacto y también ante el ataque de cualquier depredador. Se encuentra distribuido por las áreas más septentrionales de la tundra.

Las presas esenciales en la cadena trófica

◆ ◆ ◆ ◆ ◆

Sabemos que los dos grandes herbívoros de la tundra, el reno y el buey almizclero, son animales de gran tamaño que a veces caen presa de grandes depredadores como el oso blanco, el oso pardo o el lobo. Pero su captura no resulta sencilla y, además, por su tamaño quedan fuera del alcance de numerosos cazadores de dimensiones mucho más modestas.

Por otro lado, todos los grandes depredadores recurren también a presas más pequeñas, como un complemento o por necesidad como base de su dieta en las épocas más duras. La tundra cuenta también con estos pequeños animales, de dimensiones apropiadas para que un búho nival o un zorro ártico se hagan con ellos o que un lobo capture para satisfacer las grandes necesidades de carne que tiene cuando ha de alimentar a su abundante camada.

Estas pequeñas presas son también escasas en cuanto a su variedad específica, pero algunas cuentan con enormes poblaciones, capaces de regular con su mayor o menor abundancia muchos ciclos de este bioma, haciendo que las poblaciones de depredadores oscilen siguiendo sus propias variaciones poblacionales. La principal de estas pequeñas presas es el lemming, pero también hay otras que desempeñan un papel relevante en la supervivencia invernal de los cazadores, como la liebre nival.

Estas pequeñas presas se han adaptado perfectamente a la crudeza climatológica de la tundra utilizando como estrategia su pequeño tamaño. Esto les permite llevar una vida activa todo el año, pero en lugar de quedar expuestas a las bajas temperaturas del exterior, muchas se mueven por debajo del suelo o, en invierno, por debajo de la capa de nieve, que se convierte de este modo en una cubierta protectora, con un microclima particular, donde la temperatura es estable y muy superior a la que reina en esos momentos por encima de ella. Por eso, no necesitan experimentar un período de letargo invernal.

Estas presas pequeñas son fitófagos situados en el escalón básico de la pirámide ecológica, pues son los principales transformadores de la materia vegetal en proteína animal, disponible con relativa facilidad para otros animales de muy diversos tamaños. Sus elevadas tasas de multiplicación permiten a sus poblaciones recuperarse de la enorme presión cazadora ejercida sobre ellos.

Veremos, en primer lugar, el micromamífero por excelencia de las tierras árticas y la tundra, uno de los eslabones esenciales de este ecosistema, el lemming.

El lemming, maestro de la multiplicación

Dentro de la amplia familia de los Roedores, una de las subfamilias más importantes es la de los Microtinos, que incluye un pequeño animal característico de las tierras del norte, conocido como **lemming**, que comprende varias especies, distribuidas por distintas regiones de la tundra en el hemisferio norte.

Se trata de unos pequeños roedores de un tamaño similar al de un ratón, con el cuerpo compacto y de formas redondeadas, que resulta relativamente corto. Las orejas son pequeñas, lo mismo que la cola, los ojos medianos, parecidos a los de un ratón, y llevan largas vibrisas en el extremo del hocico, que también es redondeado. La longitud total del cuerpo oscila entre 7 y 18 cm, y el peso, entre 15 y 50 g.

La estructura de estos animales está hecha para reducir al máximo la superficie expuesta del cuerpo y evitar así pérdida de calor, algo esencial para poder sobrevivir en este medio. Los pies llevan potentes garras, que constituyen una excelente herramienta a la hora de excavar en el suelo, habilidad que despliegan con enorme pericia para construir sus madrigueras y túneles. Apenas existe dimorfismo sexual y a lo sumo los machos son un poco mayores que las hembras, aunque sin apenas superarlas en un 10 %.

Están cubiertos de un pelaje muy denso, del cual apenas sobresalen los ojos, las orejas y la cola, haciendo que parezcan aún menores. Este pelaje es una excelente defensa contra el frío, pues aísla de manera perfecta su cuerpo y les permite mantener una temperatura estable durante todo el año. Su color es variable según las razas. Puede ser pardo con manchas oscuras o negras, grisáceo, ocre oscuro o incluso blanco.

La dieta de estos roedores es exclusivamente vegetariana, dependiendo de la estación. Así, mientras que en invierno tan sólo disponen de líquenes, musgos y tallos de plantas herbáceas, durante las estaciones favorables completan la gama trófica con bayas, hierba fresca, brotes y setas. Pero, como este alimento es pobre en energía, deben comer una gran cantidad diaria, por lo que a intervalos de unas tres horas se dedican a alimentarse durante 1-2 horas, repitiendo esta cadencia a lo largo de todo el día. Sólo así es posible mantener el elevado nivel de su metabolismo.

Como sucede de manera casi general entre los numerosos miembros de esta familia zoológica, los lemmings son muy prolíficos, hasta el punto de llegar a tener hasta 8 camadas al año, de 4 o 5

Al igual que el liquen de los renos desempeña un papel esencial para la supervivencia de todos los herbívoros, el lemming lo es para los carnívoros de la tundra. Este pequeño roedor, del tamaño de un ratón y cuerpo compacto y redondeado, transforma en proteína animal los recursos vegetales del medio, poniéndolos de este modo a disposición de los depredadores, tanto mamíferos de cualquier tamaño como aves rapaces. Es un eslabón esencial del ecosistema.

crías cada una, aunque esto depende de las especies, variando así el número de partos anuales entre 2 en el menor de los casos y 4 o 5 como norma habitual. El período de gestación es muy breve, pues se limita a unas 3 semanas y, además, las hembras vuelven a quedar a menudo receptivas después del parto (estro posparto). La lactancia es igualmente muy breve, pues no supera las 3 semanas y a veces no llega ni a eso.

Al parecer, no se reproducen a comienzos del invierno, cuando se están formado las grandes masas de nieve que perdurarán durante toda la temporada fría, y tampoco a mediados de la primavera, cuando se inicia el deshielo. Esto podría ser una adaptación para evitar la pérdida de la camada durante estos dos períodos, en los que el sustrato habitual donde viven experimenta un cambio notable y no permitiría mantener un nido estable donde las hembras pudieran dar a luz a sus crías con tranquilidad.

Alta capacidad reproductora como estrategia de supervivencia

Por otro lado, la madurez sexual se alcanza a las pocas semanas (en general entre las 3 y las 6 semanas de vida, siendo más precoz durante la temporada estival), de modo que las hembras están en condiciones de dar a luz a nuevas camadas dentro de la misma temporada de su nacimiento. En la mayor parte de las especies, el período reproductor se extiende desde finales del invierno hasta el otoño, aunque cuando las condiciones de disponibilidad de alimento son óptimas, muchas especies pueden reproducirse a lo largo de todo el año, compensando así las pérdidas que sufren sus poblaciones por la acción de los depredadores.

Por último, resulta difícil establecer la longevidad con certeza, pues aunque algún ejemplar mantenido en cautividad, en condiciones óptimas de alimentación y sin sufrir la presión depredadora, ha llegado a vivir algo más de unos dos años y medio, se estima que en la naturaleza un individuo no suele superar un año de edad y deben ser muy raros los que logran sobrevivir a un segundo invierno.

La tundra se nos presenta a menudo vacía y carente de vida animal, pero en el subsuelo millones de lemmings construyen sus amplios sistemas de galerías y llevan una vida silenciosa.

Animales de leyenda

Como sucedía con otras muchas especies de animales, cuyo origen se desconocía y cuya repentina aparición, debida muchas veces a sus hábitos migratorios y otras a circunstancias climatológicas adversas, los lemmings dieron pie en la antigüedad a muchas leyendas. Así, se creía en Europa en la Edad Media que esos roedores caían del cielo con las tormentas.

Despejada esa duda, se afianzó otra leyenda, que hablaba sobre las masivas migraciones que cada cierto número de años llevaban a cabo. Se decía que al haber tenido su origen en un continente ya hundido, cada cierto tiempo deseaban volver a su lugar de origen y se introducían en el mar, muriendo ahogados por millones.

Es cierto que, como sucede en general con todas las especies muy prolíficas, tienen lugar oscilaciones cíclicas en sus poblaciones, dictadas por la disponibilidad de alimento, y que eso provoca desplazamientos más o menos numerosos de una parte de la población, pero la breve vida del lemming es mucho menos sorprendente de lo que afirman tales mitos, aunque mucho más importante para el gran bioma de la tundra de lo que se imaginaban quienes tenían ocasión de verlos al viajar por el gran norte.

A pesar de que llega a formar amplios agrupamientos que podrían recordar colonias, el lemming es de costumbres solitarias y cada individuo posee un cierto territorio alrededor del complejo de túneles y el nido que forman su guarida.

Durante el verano, construyen amplios sistemas de galerías situados a muy poca profundidad, e incluso es po-

sible encontrar sus nidos directamente sobre el suelo, en una cavidad forrada de pelos, hierbas y musgos y oculta entre la vegetación. Aquí es donde las hembras traen al mundo a sus crías. Por estos túneles se desplazan seguros en busca de su alimento, desarrollando una intensa actividad, que a diferencia de otros roedores propios de climas más benignos, no interrumpen en invierno para caer en un estado de letargo.

El lemming, pues, no hiberna, sino que sigue con su actividad, pero esta vez excavando túneles en la nieve. Así, puede seguir buscando el alimento enterrado. La capa de nieve forma una verdadera cubierta protectora pues actúa como un verdadero aislante térmico.

Los ciclos climatológicos que determinan una mayor o menor abundancia de alimento dan lugar a un crecimiento explosivo de sus poblaciones. En los años buenos, las hembras traen al mundo un mayor número de crías, que sobreviven en mayor número también y eso provoca que si al año siguiente las condiciones empeoran, la falta de alimento obliga a una parte de la población a emigrar. También desempeña un papel importante el estrés, provocado por el excesivo número de individuos en un mismo lugar. Es algo similar a lo que sucede, por ejemplo, con las ratas. No todas las especies llevan a cabo esas migraciones con la misma intensidad. El lemming común es el que realiza los viajes más espectaculares, mientras que otras especies son de hábitos mucho más sedentarios.

Cuando aparece el factor que desencadena el instinto migrador de estos roedores, un gran número de ellos abandona sus lugares habituales de residencia y emprende un viaje en busca de nuevos territorios.

Los lemmings que sobreviven colonizan nuevos territorios y en sus poblaciones, lo mismo que en las de los que permanecieron en las regiones de origen, inician un nuevo ciclo.

Estos vaivenes en la cantidad de sus poblaciones tienen una enorme importancia para sus depredadores, que tras un año de especial abundancia del alimento deben enfrentarse después a otros en que esas presas no resultan tan abundantes.

De este modo, también la abundancia o escasez de depredadores es un factor adicional que contribuye a estas pautas del desarrollo de las poblaciones del roedor. A los años de abundancia de alimento se une el hecho favorable de la menor presencia de sus enemigos, lo que puede explicar entonces el desarrollo explosivo.

Importancia ecológica del lemming

Pocas especies desempeñan un papel tan relevante en la productividad de un ecosistema, si hacemos excepción de los marinos, en los que las cadenas tróficas pueden reducirse a unos pocos elementos, como el lemming en la tundra. Muy bien puede afirmarse que sin él, ese gran bioma sería muy distinto y prácticamente quedaría desprovisto de sus habitantes habituales.

La práctica totalidad de los depredadores de la tundra dependen del lemming en mayor o menor grado. Se incluyen aquí aves como el halcón gerifalte, el búho nival y el págalo, cazadores de mediano tamaño como el zorro ártico y el armiño, o grandes depredadores como el oso pardo, que acude aquí en verano, el lobo, que recorre todo el año las llanuras árticas, o incluso, ya de modo más ocasional, el oso blanco, cuando accede a las áreas costeras y que en los años en que abundan los lemmings no duda en incluirlos en su dieta. Al parecer, también los renos pueden consumir en esas ocasiones algunos lemmings junto con su pasto habitual.

Este papel de proveedores de proteínas animales se acentúa durante los largos meses de invierno, en los que desaparece gran parte de las presas disponibles, en particular para los cazadores medianos.

Aunque ninguna de las especies existentes de lemming se halla en peligro, los cambios climáticos que están teniendo lugar en las últimas décadas, con un progresivo calentamiento del planeta y, en consecuencia, un paulatino desplazamiento hacia el norte de los límites de vegetación, podrían constituir una amenaza a medio plazo para este roedor. Es un animal muy estricto en cuanto a sus hábitos alimentarios y el lugar en que habita, es decir, muy sensible a cualquier cambio en su hábitat. Por ese motivo, la aparición de nuevas formas vegetales, que podrían alterar la naturaleza de la tundra, así como la llegada de nuevos depredadores, serían factores muy negativos sobre sus poblaciones al alterar o destruir el hábitat y enfrentarle a unos enemigos frente a los cuales carece de mecanismos de defensa naturales.

El lemming que fue origen de las leyendas

Una de las especies más conocidas es el **lemming común** o **lemming de montaña** (*Lemmus sibiricus*). Mide en general entre 13 y 15 cm de longitud, aunque a veces alcanza cerca de 18 cm. Es de color amarillo por la parte inferior del cuerpo y pardoamarillento por el dorso, con manchas castañas y negras, que se extienden igualmente por la cabeza. En los ejemplares de mayor edad puede aparecer también una tonalidad algo rojiza por el dorso.

Se trata de la especie en la que se han observado las migraciones de carácter más masivo. Vive en áreas de montaña de difícil acceso, aunque desciende a tierras más llanas en sus migraciones. Su área de distribución comprende todo el norte de Escandinavia, así como las regiones septentrionales de Rusia.

Similar a él, pues pertenece al mismo género, es el **lemming de Alaska** (*Lemmus trimucronatus*), distribuido por el

noroeste de Norteamérica y que cuenta con numerosas subespecies y razas.

El lemming de la taiga

El **lemming de bosque** (*Myopus schisticolor*) mide entre 7,5 y 11 cm de longitud y tiene una cola muy corta, siendo la menor de las cuatro especies que aquí se describen. Tiene el pelaje de color gris oscuro, con la zona ventral de color gris claro y con una tonalidad rojiza por la parte central del dorso, aclarándose todo el conjunto durante los meses invernales.

Habita en los bosques de coníferas que limitan con la tundra, en altitudes comprendidas entre 600 y 2.400 m, y se diferencia del anterior, además, porque prácticamente no lleva a cabo grandes migraciones. Sólo durante los años en que la población excede los límites habituales, pueden observarse algunos desplazamientos locales.

Se considera a esta especie bastante rara y no resulta fácil encontrarla. Su área de distribución es muy amplia pues comprende gran parte de Escandinavia y áreas próximas de Rusia, así como todo el norte de Siberia, llegando incluso hasta las regiones septentrionales de Mongolia.

Un lemming que se adentra por el sur

El **lemming de pantano** (*Synaptomys cooperi*) mide entre 10 y 13 cm de longitud. Es de color general pardo, con la cabeza grisácea y las partes inferiores grisáceas o amarillentas.

Habita en bosques de coníferas, con zonas pantanosas, prados húmedos y las orillas de ríos y lagos. Está distribuido por el noreste de Norteamérica, desde las regiones meridionales de Canadá, descendiendo después hasta llegar al noreste del estado de Carolina del Sur, estando presente a lo largo de toda la cadena de los Apalaches, en Estados Unidos.

Gracias al lemming, este búho nival puede aportar al nido la cantidad suficiente de alimento para el desarrollo de los polluelos.

Un caso excepcional entre los roedores

El **lemming engolado** (*Dicrostonyx hudsonius*) mide entre 12 y 15 cm de longitud. Es la especie que vive en latitudes más altas, habiendo adquirido algunas adaptaciones especiales para sobrevivir en su medio. Así, sus pies anteriores van provistos en invierno, en los dedos tercero y cuarto, de unas uñas engrosadas más fuertes, con aspecto de dobles uñas y que les permiten excavar en el duro suelo helado. Las orejas son mucho más pequeñas que en otros lemmings y quedan casi totalmente ocultas entre el pelo. Además, durante estos meses su pelaje, que es gris, pardo o negruzco por el dorso y grisáceo o blanquecino por el vientre, cambia de color y se vuelve completamente blanco, algo muy raro entre los roedores.

Aunque sus poblaciones experimentan cambios muy notables, desde menos de un individuo por hectárea a más de 400, no realiza las espectaculares migraciones que se conocen en el lemming común, y a lo sumo se produce una dispersión local. Los individuos que abandonan la zona emprenden la búsqueda de nuevos lugares donde construir sus túneles, aprovechando a menudo los que han quedado abandonados de anteriores generaciones.

Su área de distribución comprende el norte de la región de Quebec y Terranova, en Canadá. Además de ésta, el género comprende otras cuatro especies de aspecto y costumbres similares a lo descrito en este caso. Su principal diferencia está en sus áreas de distribución. Se trata de las siguientes:

Dicrostonyx torquatus, que se distribuye por el noreste de Escandinavia y gran parte de Siberia.

Dicrostonyx vinogradovi, que vive en la isla de Wrangel, al noreste de Siberia.

Dicrostonyx groenlandicus, que se distribuye por Groenlandia, Alaska y la región central del norte de Canadá.

Dicrostonyx exsul, que vive en la isla de San Lorenzo, en el mar de Bering.

La liebre ártica es muy similar a la común de latitudes inferiores, pero presenta un cuerpo más compacto, ofreciendo así una menor superficie por la que perder calor. Los ejemplares que pueblan las montañas europeas son más parecidos a sus parientes, las liebres comunes.

La liebre de las nieves

Conocida también como **liebre ártica** o **liebre de montaña**, la **liebre variable** (*Lepus timidus*) es la representante del orden de los Lagomorfos que habita en la tundra.

Es una liebre similar a la común que podemos encontrar en latitudes medias, con algunas características particulares fruto de su adaptación a este medio. Sus dimensiones oscilan entre 42 y 62 cm de longitud del cuerpo, a los que deben añadirse los 4 a 7 cm que mide la cola. Los pies posteriores miden de 14 a 18 cm, y sus orejas, entre 7,5 y 11 cm, lo que hace que sean más cortas que las de su pariente. El peso varía de 1 a 4 kg.

El aspecto general es más compacto y redondeado que el de la liebre común,

El pelaje de las liebres árticas se adapta a las circunstancias para resultar menos visible frente a los depredadores. Así, con la llegada de las primeras nieves, su capa pierde la tonalidad parda de la temporada estival y adquiere un color blanco casi completo, salvo el extremo de las orejas, negro.

un fenómeno que se observa con frecuencia entre la mayoría de los grupos animales con representación en distintas latitudes, pues en las regiones más frías reducen su superficie corporal para quedar menos expuestos a las pérdidas de calor. Otra adaptación a las condiciones de la tundra es el abundante pelo que posee en la planta de sus pies, que no sólo actúa como un excelente aislante térmico, sino que sirve también para distribuir de modo más uniforme el peso del animal y permitir así un desplazamiento más fácil sobre la nieve, sin hundirse, por lo que puede considerarse que lleva una especie de auténticas «raquetas de nieve».

La coloración del pelaje es variable a lo largo del año, adaptándose a las circunstancias de cada estación. Desde mediados del otoño hasta mediados del invierno es de color grisáceo o blanco, salvo el extremo de las orejas, que permanece negro, cambiando después a un tono general castaño o pardorrojizo, aunque todavía con un pelaje muy denso, apropiado para resistir las bajas temperaturas y que está formado por un estrato de pelos cortos y largos y una abundante capa de borra en la base.

Al parecer, la velocidad de este cambio en la coloración del pelaje guarda una estrecha relación con las condiciones climatológicas y con la cantidad de nieve existente, por lo que se produce más tarde entre las poblaciones que habitan latitudes altas y antes en las de regiones más cálidas. Por tanto, la temperatura ambiente es el elemento decisivo que desencadena el cambio de colorido. Este factor hace que las poblaciones más septentrionales, en las que la capa de nieve es permanente, el color de las liebres se mantenga prácticamente blanco a lo largo de todo el año, salvo el extremo de las orejas, que permanece negro. En cambio, en algunas poblaciones meridionales el pelaje permanece pardo durante todas las estaciones, como sucede en Irlanda y en algunas de Gran Bretaña.

Además de los cambios de colorido estacionales, entre finales de la primavera y comienzos del verano las liebres experimentan una nueva muda, pasando a adquirir la librea estival, que en este caso también es de color castaño, aunque más ligera que la propia de los meses fríos.

Existe un ligero dimorfismo sexual que se manifiesta en las dimensiones generales, siendo las hembras de mayor tamaño que los machos. Además, también las poblaciones septentrionales son en general más grandes y de mayor peso.

En la tundra la disponibilidad de alimento es escasa y poco variada, por lo que los distintos fitófagos que la pueblan siguen una misma dieta. Las liebres árticas se nutren, por consiguiente, de líquenes, musgos y hierbas, que limpian de hielo con sus patas delanteras cuando es invierno.

La vida cotidiana en la tundra

Las liebres variables que pueblan las regiones de la tundra tienen un régimen vegetariano que es casi idéntico al de los dos grandes fitófagos. La razón es bien simple: la poca variedad de alimentos disponibles. Así, consumen hierba, líquenes y musgos principalmente.

Pero al estar presente la especie también en latitudes más bajas, aunque en áreas de montaña, la dieta en estas poblaciones se amplía para incluir brotes y hojas, así como frutos y una mayor variedad de hierbas. Como prefiere las zonas despejadas de alta montaña, aunque hace incursiones por el interior de la masa forestal, permanece en el piso del matorral, donde los brezos se convierten en una importante fuente de alimentación. En los Alpes, las liebres variables se hallan entre los 1.500 y los 3.500 m de altitud, mientras que en Siberia penetran también por la taiga, ampliando entonces su dieta a las cortezas de los caducifolios que crecen en las proximidades de los cursos de agua, como álamos y abedules, así como distintos frutos.

Sus necesidades de agua son al parecer escasas y no necesitan recurrir a bebederos, como sucede con otros muchos habitantes de la tundra, siendo suficiente la que obtienen del alimento. Se ha observado también que, antes de comer los tallos helados durante el invierno, los limpian de hielo o nieve con sus patas delanteras.

A pesar de las bajas temperaturas que se alcanzan en la tundra, las liebres variables suelen permanecer al exterior, resguardándose detrás de algún montículo o en una depresión del suelo cuando se producen las fuertes ventiscas invernales. A veces se las ha visto también guarecerse en alguna madriguera abandonada, pero esto suelen hacerlo sólo las hembras cuando llega el momento del parto. La blanca librea invernal permite a estos animales permanecer semienterrados en la nieve y pasar inadvertidos a cualquier depredador que se halle en sus proximidades.

Tienen actividad nocturna y pasan el día reposando en la depresión del suelo elegida como encame, permaneciendo la mayor parte del tiempo despiertas, atentas y vigilantes. Duermen sólo a intervalos durante unos pocos minutos, aunque con un sueño ligero. Dedican también cierto tiempo a un atento cuidado del pelaje, que deben mantener en perfectas condiciones para que conserve sus propiedades de aislante térmico.

Puesto que en la nieve es fácil dejar rastros que pueden conducir hasta el lugar donde descansan, las liebres variables emplean una curiosa táctica para despistar a sus posibles enemigos. Cuando se acercan a su encame, siguen una dirección distinta a la correcta y saltan lateralmente para producir un rastro diferente, y al repetir el proceso varias veces acaban por no de-

Los pequeños lebratos vienen al mundo totalmente desarrollados, con el cuerpo cubierto ya de pelo y con los ojos abiertos. Son de color pardo, lo que les confunde con el terreno, pues su nacimiento coincide con el momento en que la tundra se ve libre de la densa cubierta de nieve.

jar un rastro claro que conduzca al lugar donde se encuentran. Así, el depredador debe merodear siguiendo los distintos rastros y eso da tiempo a la liebre para detectar su presencia y ponerse a salvo.

Como las restantes liebres, estas pobladoras de las tierras árticas son también de costumbres solitarias, aunque menos ariscas que sus parientes meridionales. Se ha observado que durante la larga temporada de la reproducción existe una cierta relación entre los distintos machos que buscan hembras, estableciéndose una somera estructura social dentro de los grupos que coinciden en una misma zona. Esto es algo que las diferencia claramente de las restantes representantes del orden, como la liebre común, que rechaza la presencia de cualquier congénere y nunca aparece en grupos.

Los enemigos de la liebre variable son todos los depredadores que habitan en la tundra, desde osos y lobos a una amplia variedad de cazadores alados.

Los hábitos reproductores

A mediados de invierno comienza a despertarse en estas liebres el instinto de perpetuación de la especie, prolongándose la época de la reproducción hasta la llegada del otoño. Los machos persiguen a las hembras al detectar su olor, acercándose para la cópula, pero ellas deben aceptarlos previamente, mostrándose hostiles en caso de que se aproximen demasiado. Cuando aplastan las orejas contra el dorso es una señal de aviso de que no están dispuestas para ser montadas.

La proporción de sexos está muy igualada y hay prácticamente tantos machos como hembras. Pero son éstas las que desempeñan el papel dominante en la reproducción, pues son varios los machos que copulan con una misma hembra. Cuando hay varios de ellos alrededor de una hembra receptiva, suelen entablar disputas, golpeándose con las patas.

Cuando se aproxima el momento del parto, las hembras buscan un lugar protegido o la madriguera abandonada

El éxito ecológico de la liebre ártica lo demuestra el amplio territorio que ocupa, desde las zonas más septentrionales de la tundra, donde gran parte del año el suelo está cubierto de nieve, hasta el extremo meridional, así como en varias regiones montañosas de latitudes inferiores.

de otro animal, que adaptan para recibir a su descendencia. Tras una gestación de 47 a 54 días, traen al mundo en general 1-5 crías, aunque se conocen algunos casos de hasta 10, pero que son bastante raros. Tienen 1 o 2 camadas por año y todo ello depende del tamaño de la hembra, siendo las de mayores dimensiones las más prolíficas, existiendo también variaciones en función de las regiones y el tipo de hábitat ocupado y, por tanto, del alimento disponible.

Los pequeños lebratos pesan unos 90 g al nacer y llegan al mundo completamente desarrollados, pues tienen los ojos abiertos y todo el cuerpo cubierto de pelo. La lactancia se prolonga unas 4 semanas, dependiendo también de la temporada, pues en las crías que nacen a comienzos de primavera es más larga que en las que llegan al mundo cuando las condiciones climatológicas son menos adversas. La madurez sexual se alcanza al segundo año de vida y se calcula que la longevidad es de 8 años.

Una amplia distribución en los ambientes fríos

El área de distribución de esta especie es bastante amplia, pues no sólo habita en las zonas despejadas de la tundra, sino que se adentra también por brezales y matorrales que crecen en las regiones de transición hacia la taiga, penetra en el interior de ésta en muchas regiones y está presente en algunas áreas montañosas de latitudes más bajas. Por tanto, puede considerarse una especie presente en gran parte de la región paleártica.

En Norteamérica se encuentra en Alaska, en la región al norte de Canadá y en el amplio conjunto de islas situadas entre estas costas y Groenlandia. En esta última ocupa una amplia franja costera en el oeste y el norte. Está presente igualmente en Islandia. En Europa abarca toda Escandinavia y el norte de Rusia, Irlanda y el norte de Gran Bretaña, así como la región alpina. En Asia se extiende por una amplia franja que incluye la totalidad de Siberia.

La presencia en las islas Británicas y en los Alpes es fruto de la retirada de los hielos tras la última glaciación, cuando el aumento de las temperaturas obligó a la especie a ir hacia el norte, quedando algunas poblaciones aisladas en estos lugares, constituyendo así un grupo relicto.

La especie no goza de ninguna protección concreta al no estar amenazada, si bien la población de los Alpes se halla en ligero declive, debido sobre todo a la destrucción de su hábitat, pues no es objeto de persecución por parte de los cazadores.

Los cazadores de la tundra

En la naturaleza, tanto la materia como la energía están en constante transformación, lo que en los ecosistemas se traduce en una serie de relaciones tróficas, que expresamos mediante cadenas tróficas y pirámides ecológicas. Así, toda la enorme masa de proteína animal que representan los fitófagos de la tundra es aprovechada por los carnívoros que ocupan el siguiente escalón en la pirámide ecológica. Al no existir carroñeros en esas áreas, su función la desempeñan por igual muchos de estos cazadores. Se trata, pues, de sacar el máximo provecho posible de unos recursos a menudo escasos y difíciles de obtener.

El reno y, más ocasionalmente, el buey almizclero, proporcionan un buen botín para esos cazadores,

La llegada de la primavera, cuando los animales de la tundra tienen mayoritariamente sus crías, atrae a la zona a numerosos depredadores, como el oso blanco.

que igualmente aprovechan los restos de todos estos animales que mueren a consecuencia del frío o el hambre durante la época más desfavorable del año. Las pequeñas presas, sobre todo los lemmings, desempeñan en la tundra un papel relevante en la cadena trófica y son un complemento necesario en la dieta de los grandes cazadores y la base esencial de subsistencia de los medianos o pequeños.

Las aves, que en cantidades gigantescas buscan estas tierras septentrionales para criar, son en su mayoría visitantes estacionales y su papel en la dieta de los carnívoros es poso relevante, a excepción de algunas rapaces, especializadas en capturar otras aves.

Algunos de los grandes cazadores de la tundra son oportunistas que aprovechan la temporada de cría de las aves o la abundancia de otras presas para acudir aquí desde áreas marginales. Es el caso del oso polar, que se adentra por las regiones más septentrionales procedente de los hielos árticos, y del oso pardo, que habita en la taiga y que durante la estación favorable lleva a cabo correrías por la tundra, donde encuentra bayas y brotes, así como huevos de aves nidificantes, carroñas e incluso pequeñas presas, como los lemmings, en particular en los años en que las poblaciones de estos roedores experimentan su máximo desarrollo.

Otro gran cazador, el lobo, un inteligente y adaptable cánido, está presente aquí como en gran parte del hemisferio norte, por lo que su descripción queda reservada a otros biomas en los que desempeña también un papel decisivo. Pero, al igual que sucede con otras especies, los lobos que habitan en la tundra son algo mayores y de pelaje más claro que sus parientes meridionales, y tanto en su biología como en su comportamiento siguen las normas generales que muestra esta especie en todo el planeta.

Junto al lobo, aunque sólo en la estación favorable, encontramos otro cánido, más pequeño pero igualmente inteligente, el zorro común, que sale de las espesuras de los bosques y sabe sacar buen provecho de los numerosos recursos tróficos que le brindan las aves nidificantes, los pequeños roedores del suelo y la abundancia de bayas en esta época.

Pero como sucede con los fitófagos, hay animales que se alimentan de carne y se quedan aquí de modo permanente. Son los cazadores residentes, entre los cuales podemos destacar el zorro ártico y el glotón, entre los mamíferos, y el búho nival y la lechuza gavilana entre las aves. De esos cazadores de pelo, el zorro es el único que limita sus territorios a los campos nevados de la tundra, pues los otros dos penetran también en los biomas circundantes, como la taiga.

El gran cazador de las noches blancas

Junto al cárabo lapón, que habita igualmente en los extensos bosques de la taiga, el **búho nival** (*Nyctea scandiaca*) es la mayor de las rapaces nocturnas que reside de modo permanente en la tundra.

Con una longitud total que oscila entre 56 y 73 cm, una envergadura alar que va de 150 a 170 cm y un peso que varía entre 1,4 y 2,6 kg, es la más poderosa de las rapaces árticas. Las hembras son siempre algo mayores que los machos.

En el plumaje se observa también un dimorfismo sexual. Así, los machos son blancos, mientras que las hembras pre-

El búho nival es de hábitos bastante sedentarios y sólo se desplaza si desaparecen por completo sus presas. En épocas de escasez reduce también su puesta.

Los pollos del búho nival nacen de manera escalonada, cubiertos de plumón blanco, que al cabo de 6 a 10 días se vuelve gris. Ambos miembros de la pareja los cuidan. A los 25 días exploran por vez primera su entorno y a los 50 o 60 días realizan los primeros vuelos.

sentan numerosas manchas grises o negruzcas, tanto por el dorso y el pecho como por la parte superior de la cabeza, permaneciendo blancos la cara, el cuello y la parte superior del pecho. En los pollos aparecen también franjas oscuras que atraviesan el pecho, que en los machos van desapareciendo a medida que se acercan a la edad adulta y que en las hembras se transforman en pintas.

El plumaje del búho nival es muy denso y lleva por el interior una capa aislante de plumón. Además, las patas y los pies aparecen recubiertos de pluma, con lo cual no queda ninguna parte del cuerpo expuesta al aire y completan así el aislamiento frente al exterior. Destacan sólo las largas uñas de las garras y el pico, ambos negros, así como los ojos, amarillos.

Se alimenta fundamentalmente de roedores, que en la tundra son los lemmings y en áreas más meridionales complementa o sustituye por ratones y otras especies similares. De modo ocasional incluye en su dieta otros vertebrados, como aves pequeñas e incluso algún pez. Para cazar permanece inmóvil sobre un punto elevado, ya sea una roca o, donde crece la vegetación arbórea, una rama, desde donde vigila con cuidado su entorno, pudiendo girar la cabeza casi 270°, lo que le brinda un amplio campo visual que le permite percibir el más mínimo movimiento que se produzca a su alrededor.

A diferencia de la mayoría de las rapaces nocturnas, los búhos nivales tienen costumbres preferentemente diurnas, salvo de manera obligada en la larga noche ártica. Este hecho guarda relación con sus principales presas, los lemmings, a los que contribuyen a controlar de manera muy eficaz.

Reproducción y cuidado de la prole

El período reproductor se inicia en plena época fría, a mediados de invierno, y se prolonga hasta avanzada la primavera. Los machos realizan un cortejo en el que dan vueltas alrededor de la hembra, con las alas abiertas para impresionarla, ofreciendo a menudo también porciones de comida o presas recién capturadas.

Las parejas pueden formarse para una única temporada o para varios años seguidos, habiéndose observado también parejas que permanecen unidas de por vida. Existen amplias diferencias regionales a este respecto.

En la tundra, los búhos nivales construyen su nido directamente sobre el suelo, protegiéndolo entre la vegetación, mientras que los que viven en las áreas forestales o en la taiga eligen una rama gruesa para instalarlo. En el primer caso, son más vulnerables a los depredadores, en particular los zorros, aunque a veces pueden expulsar a estos astutos cazadores dado el tamaño que alcanzan esas aves. El nido es siempre muy simple, pues cuando está situado en el suelo consiste en una simple depresión que pueden forrar de modo somero con algunos líquenes o musgos, mientras que en los árboles aprovechan un entronque de ramas gruesas o una horquilla, que completan con algunas ramas y materia vegetal para darle más estabilidad.

La puesta consta en general de 3 a 8 huevos, pero en los años en que abunda la comida, como cuando se dan las explosiones demográficas de los lemmings, puede aumentar su número hasta 14, que va poniendo en días sucesivos. Los huevos son redondeados y en general blancos o con una ligera tonalidad ocre. La incubación corre a cargo de la hembra, aunque el macho ayuda aportando alimentos y defiende vigorosamente el nido frente a cualquier intruso. Al cabo de 32 a 34 días, comienza la eclosión, que se produce también de forma escalonada, a tenor del momento en que cada huevo fue puesto.

Los territorios del búho nival

La especie habita preferentemente las grandes superficies abiertas de la tundra, pero también es posible hallarla entre el matorral y en las zonas exteriores de la taiga. Esta adaptabilidad explica su amplia distribución. Se encuentra por Norteamérica y las regiones septentrionales de Eurasia, aunque con poblaciones a veces dispersas. Con ocasión de las esporádicas migraciones, la especie puede encontrarse, dentro de Norteamérica, en áreas tan alejadas de su hábitat natural como el centro de California y el norte de Alabama. En el continente eurasiático, las explosiones demográficas empujan a muchos búhos nivales hasta Europa central, siendo también una especie rara, aunque se presente con regularidad en zonas como Japón, por el este, y de modo errático en alguna ocasión, hasta los Pirineos, en Europa.

Una rapaz nocturna con aspecto de diurna

La **lechuza gavilana** (*Surnia ulula*) recuerda por su aspecto a una pequeña rapaz diurna, como refleja el nombre común por el que se la conoce.

Sus dimensiones son mucho más modestas que las de la otra gran rapaz nocturna que acabamos de ver, pues su longitud oscila entre 35 y 43 cm, y su envergadura alar es de 70 a 88 cm. Su peso va de los escasos 250 g a poco más de 350 g.

El plumaje se diferencia del de otras rapaces nocturnas por ser compacto y denso, sin el esponjamiento que confiere al búho nival su aspecto característico. Es de color pardo oscuro, con manchas blancas, por el dorso, mientras que el pecho y el vientre son blanquecinos y están atravesados por barras oscuras. La cara es de tonalidad blanquecina y aparece enmarcada en negro. Tanto las patas como los pies están completamente recubiertos de plumas.

Otra diferencia respecto al resto de otras rapaces nocturnas es la forma de la cola, que es larga, y de las alas en vuelo, que son puntiagudas aunque relativamente cortas. También carece de

La lechuza gavilana es más pequeña que el búho nival y su plumaje más compacto. A diferencia de otras rapaces nocturnas, su cola es larga y carece de plumas en las orejas.

las «orejas» que presentan otras muchas especies de su grupo, pues los orificios auditivos se abren directamente al exterior, cubiertos por el plumaje.

Costumbres, reproducción y presencia de esta rapaz

Se trata de una cazadora que se alimenta sobre todo de roedores y otros micromamíferos, completando su dieta a veces con pájaros y pollos de otras aves. Pero existen pocos estudios sobre sus hábitos tróficos y no se sabe a ciencia cierta el papel que desempeña en el ecosistema de la tundra.

Es de hábitos tanto diurnos como nocturnos y captura sus presas allí donde tiene ocasión, sin elegir un momento determinado.

La época de la reproducción se inicia con los primeros días de la primavera y continúa hasta que comienza el verano. El macho elige con antelación de varias semanas un lugar adecuado donde emplazar después el nido y comienza entonces a emitir gritos de llamada para

La hembra de lechuza gavilana se encarga de la incubación de los huevos por espacio de tres o cuatro semanas. Una vez que nacen los pollos, el macho colabora en su cuidado.

La lechuza gavilana se alimenta principalmente de roedores, sobre todo lemmings, pero durante la época estival completa la dieta con otras numerosas aves que anidan en la tundra, así como con sus polluelos.

atraer a alguna hembra a esa zona. Una vez que lo consigue, tiene lugar el cortejo, en el cual ambos miembros de la pareja emiten cantos, mientras el macho vuela alrededor del nido, golpeando las alas. Más tarde ofrece a su compañera porciones de alimento o alguna presa que haya acabado de capturar, tras lo cual tiene lugar la cópula.

La hembra pone entre 3 y 13 huevos a intervalos de un día o día y medio, iniciando la incubación ya con el primero, lo que dará después lugar a que dentro del mismo nido aparezcan pollos de muy diferentes edades. La incubación se prolonga por espacio de 3 o 4 semanas y corre a cargo de la hembra, mientras que el macho defiende el nido y aporta alimento a su compañera, con la que después colabora en el cuidado de los polluelos.

A medida que eclosionan los huevos, la hembra retira, o a veces devora, la cáscara y deja espacio para los pequeños. Éstos se desarrollan con rapidez y entre 3 y 5 semanas después de haber nacido están ya en condiciones de valerse plenamente por sí mismos, con lo cual abandonan el nido e inician su vida independiente. Se cree que pueden llegar a vivir hasta 10 años, como sucede en cautividad.

La lechuza gavilana elige las zonas de la tundra donde disponga de algún promontorio o un arbolillo desde el que vigilar su territorio de caza. Habita igualmente en los bosquetes de planifolios que salpican las áreas de matorral más meridionales de la tundra y también en la taiga, aunque sin penetrar mucho hacia el interior pues no gusta de las densas masas forestales de coníferas.

Su área de distribución comprende las regiones septentrionales de Norteamérica, y en el Viejo Mundo principalmente el norte de Siberia y las latitudes altas del continente europeo.

Los efectivos de esta especie no están sometidos a ninguna presión especial y se mantienen en buen estado de conservación, por lo que no gozan de ninguna protección, aun cuando sean objeto de caza por parte de algunos pueblos originarios de estas regiones, pues esta caza, con métodos tradicionales, no supone ninguna merma especial para su población.

El gigante de los halcones

La mayor especie de halcón es uno de los más hábiles cazadores alados de la tundra, el **halcón gerifalte** (*Falco rusticolus*).

Alcanza una longitud que varía entre 52 y 60 cm, con una envergadura de sus alas entre 34 y 43 cm. El peso oscila entre 960 g y 2,1 kg. Los machos son siempre más pequeños que las hembras, como sucede con frecuencia en otras muchas especies de aves rapaces diurnas. La cola es relativamente larga y las alas son más anchas en su base y acaban en punta. Tanto la cera del pico como las patas son amarillas, y los ojos tienen el iris oscuro. En conjunto, se parece algo al halcón peregrino, aunque menos estilizado y de mayores dimensiones que este excelente maestro de las acrobacias aéreas.

El colorido del plumaje es muy variable en función de las regiones y cabe distinguir tres fases principales: una gris, otra blanca (que los halconeros designan como «fino de Noruega») y una tercera oscura (conocida como «roqués» entre los halconeros). La primera de ellas se caracteriza por el color gris general del cuerpo, con dos tonalidades distribuidas de modo desigual, siendo más claras las de las partes inferiores, y puede considerarse intermedia entre las otras dos. La fase blanca consiste en un plumaje casi enteramente blanco, salvo algunas manchas oscuras o negruzcas en las alas. Por último, la fase oscura tiene un plumaje gris con el dorso más oscuro, casi negro a veces, y numerosas manchas negras por todo el cuerpo, incluidas las alas. Además de estas fases principales, existen variaciones locales y tonalidades intermedias.

Cada fase se presenta también en áreas diferenciadas. Así, la fase gris es la más común y puede hallarse en la mayor parte del área de distribución

El halcón gerifalte es parecido al peregrino, aunque algo mayor y de figura menos estilizada, pero es el más hábil de los cazadores alados de la tundra. El colorido del plumaje varía entre las distintas razas o variedades geográficas.

de la especie. La blanca es característica de Groenlandia y de las localidades más norteñas de Eurasia, mientras que la oscura aparece sobre todo en el norte de Canadá y en áreas aisladas de Escandinavia y Siberia.

Las costumbres de un cazador implacable

La dieta de esta rapaz está formada principalmente por aves, entre las que destacan los lagópodos, así como patos, gansos y otras de menor tamaño, seguidos de las liebres árticas y algunos micromamíferos.

Cuando en la temporada invernal escasean las aves, son entonces los roedores, principalmente los lemmings, su principal sustento.

A diferencia de su próximo pariente el halcón peregrino, el gerifalte no recurre a los impresionantes vuelos en picado de aquél. Su técnica consiste en mantener un vuelo pausado, que alterna con fuertes aleteos, por todo el territorio mientras busca sus presas, ya sea en vuelo o en tierra, mientras que aquél únicamente captura aves en vuelo. No es raro que se desplace a muy poca altura del terreno, aprovechando las pequeñas irregularidades para pasar inadvertido y poder sorprender así a una liebre o un roedor que se encuentren ocupados comiendo y a los que no da tiempo a reaccionar ante la súbita llegada de la rapaz.

Una vez que ha localizado la posible presa, se lanza sobre ella con un potente aleteo y emplea sus fuertes garras para apresarla si se encuentra en tierra o para golpearla si vuela, rematándola después en ambos casos en el suelo con ayuda del fuerte pico curvo. Para divisar las presas, que muchas veces poseen colores crípticos que les desdibujan frente al cielo, en el caso de las voladoras, o el suelo en el de las terrestres, recurre al excelente sentido de la vista de que dispone.

Gracias a su tamaño y a la potencia de sus garras, el halcón gerifalte carece prácticamente de enemigos naturales.

Es de costumbres solitarias y permanece gran parte del año solo en un amplio territorio de caza, reuniéndose con su compañera al llegar la época en que el instinto le lleva a perpetuarse.

No es una especie migradora y suele mantenerse en las mismas áreas siempre que no se vea obligada a desplazarse a otras cuando escasea el alimento. Es lo que sucede en ocasiones en la tundra, en que durante el invierno una buena parte de la población se traslada a unas zonas más favorables, aunque no se pueda hablar en ningún caso de una verdadera migración. La especie, en conjunto, permanece siempre en latitudes altas, siendo muy raro encontrarla en localidades situadas por debajo de los 60° de latitud norte.

Una excepción a esta pauta general son las poblaciones del norte de Groenlandia, que al llegar el invierno se desplazan regularmente hacia el sur. Ese carácter migrador se refleja también en su anatomía, pues poseen unas alas y una cola más largas que las restantes razas de gerifaltes.

Con un vuelo pausado, el halcón gerifalte recorre su territorio en busca de sus presas, ya sea en el aire o en el suelo, y que remata siempre en el suelo con su fuerte pico.

Perpetuación de la especie y situación

La época de la reproducción se inicia en los últimos días de invierno y finaliza cuando ya va mediada la primavera. Pero los machos seleccionan con antelación suficiente, durante la época central del invierno, el lugar donde anidarán. Una vez establecido el territorio de cría, lo defienden frente a otros congéneres y esperan la llegada de una compañera, que tendrá lugar poco antes de que empiece la primavera.

En el caso de los ejemplares que crían por año consecutivo, la pareja ya estará formada, aunque hayan permanecido separados durante el invierno, y la zona de cría también estará establecida. Pero en ambos casos, aunque con una duración distinta muchas veces, es necesario el ritual del cortejo para que tenga lugar la cópula.

A lo largo de un mes y medio, aproximadamente, macho y hembra van estableciendo sus lazos, iniciándose un cortejo similar al de otras rapaces, que finaliza con la cópula.

Si disponen de un cortado en un acantilado, elegirán un saliente amplio para hacer la puesta, por lo que con frecuencia crían en las regiones costeras de la tundra, aunque otras veces recurren a un gran nido abandonado por otras aves y situado en bosquetes o al borde de la taiga, pues prefieren evitar

Los halcones gerifaltes disponen de varios nidos que utilizan de manera sucesiva en los distintos años para evitar de este modo la presencia de parásitos. Dado que prefieren situarlos en cortados o acantilados, suelen elegir las áreas costeras accidentadas para anidar.

el medio forestal denso. Estos nidos los utilizan en años sucesivos, lo cual puede comprobarse por las huellas dejadas por sus deyecciones en las rocas o al pie de los árboles. Además, como sucede en otras rapaces que anidan en años sucesivos en el mismo lugar, los gerifaltes disponen de varios nidos, recurriendo en años distintos a cada uno de ellos para de este modo evitar la presencia de los parásitos, que así no tienen oportunidad de reproducirse.

La puesta tiene lugar durante los primeros días de la primavera y consta en general de 3 o 4 huevos, aunque esa cantidad puede variar entre un mínimo de 2 y un máximo de 7. La hembra se encarga de la incubación, ayudada a veces por su compañero, que en todo caso será el que aporte el alimento para ambos. La eclosión tiene lugar al cabo de unos 30 a 35 días, y todos los pollos nacen en un plazo de poco más de día y medio como máximo, por lo que su desarrollo es más o menos paralelo.

Los polluelos nacen revestidos de un denso plumón y permanecen cuidados por la hembra durante unos 10 días, hasta que todo ese plumón se haya convertido en una densa capa protectora contra las frías temperaturas del exterior. Entonces la hembra abandona de vez en cuando el nido para salir también de caza. Hasta ese momento ha sido su compañero el que le traía el alimento, pero a partir de entonces aumentan mucho las necesidades energéticas de los pequeños para desarrollarse.

Los pollos crecen con rapidez y antes de la llegada del siguiente invierno ya están en condiciones de valerse por sí mismos. Llega entonces el momento de independizarse y de iniciar un período de vida errática, en el que se desplazan hacia áreas desocupadas en busca de nuevos territorios donde establecerse. Esta época es también la más peligrosa en su vida y los índices de mortalidad son elevadísimos entre los jóvenes halcones. Los que superan esa fase logran estabilizar su existencia y prácticamente quedan exentos de grandes riesgos.

El área de distribución de la especie comprende todas las zonas de tundra y territorios anexos, no descendiendo casi nunca hacia latitudes inferiores a los 60º.

La situación actual del halcón gerifalte es estable y no existe un especial peligro sobre sus poblaciones. El único, y quizá principal, riesgo que constituye una amenaza a veces muy seria en determinadas localidades, es la captura ilegal de pollos destinados a la cetrería. Esta práctica está prohibida y numerosas disposiciones internacionales intentan impedir este tráfico ilegal, aunque cuenta en su contra con los elevadísimos precios que alcanzan estos halcones en los mercados ilegales, sobre todo del Próximo Oriente, donde gozan de gran aprecio entre los cetreros.

El más pequeño de los halcones

Situado en el extremo opuesto de la escala de dimensiones, el **esmerejón** (*Falco columbarius*) comparte muchos aspectos con su pariente en las tierras del gran norte, incluso en su aspecto general, pues recuerda a un pequeño gerifalte.

Se trata de una rapaz pequeña, con una longitud entre unos 26 y 34 cm, una envergadura alar que va de 56 a 700 cm y un peso entre los 150 y 250 g. La cabeza es redondeada y fuerte, las alas redondeadas y las garras poderosas, aunque pequeñas. Las hembras son mayores que los machos.

El plumaje de los adultos varía según los sexos, aunque en ambos el pico es de color ocre azula-

El pequeño esmerejón es similar a las restantes rapaces de la tundra, pero tiene un colorido más brillante y es el menor de todos ellos.

En las áreas de arbolado, el esmerejón se posa a menudo para observar su entorno en busca de presas, pero caza en campo abierto. En la tundra sobrevuela el territorio abalanzándose sobre la presa al localizarla.

do, con la cera amarilla dorada, lo mismo que las patas, mientras que las uñas son negras. Pero existen numerosas variaciones en la tonalidad y en la distribución de las manchas, dependiendo de las razas geográficas de la especie.

Así, en los machos el plumaje se presenta gris azulado o púrpura rayado de negro por el dorso, con una amplia banda rojiza y algunas estrías negras en la nuca. El pecho y el abdomen son de color rojizo claro, con finas rayas pardas. El obispillo es claro y la cola de color gris azulado, con una ancha banda oscura cerca de su extremo.

Las hembras tienen las partes superiores de color castaño oscuro, con estrías negras y una banda clara o blanquecina en la nuca. La cola es parda oscura y presenta una serie de bandas pardas y claras que se alternan. El pecho es claro y aparece cruzado por numerosas motas oscuras que se disponen formando líneas.

Por último, los juveniles son muy parecidos a las hembras, pero tienen la cera azulada y las patas de color amarillo pálido.

Costumbres del pequeño cazador

La dieta del esmerejón la forman fundamentalmente aves pequeñas, sobre todo pájaros, seguidos en menor proporción de insectos y otros invertebrados y de pequeños mamíferos, principalmente roedores. Captura todas sus presas en el suelo, abalanzándose sobre ellas desde el aire, donde se desplaza explorando el territorio.

El hecho de que sólo cace en campo abierto y se muestre muy agresivo con otras rapaces, sobre todo en el período reproductor, resulta beneficioso para muchas pequeñas aves forestales cuando el esmerejón anida en sus proximidades pues así se ven libres de esos depredadores.

Como la mayoría de las rapaces, los esmerejones son poco sociables y sólo se reúnen en la época en que su instinto le lleva a reproducirse. La permanencia entonces tampoco es muy larga, pues al parecer el macho regresa a su vida solitaria cuando los jóvenes comienzan a valerse por sí mismos.

El vuelo de esta pequeña rapaz es rápido, con un constante batir de las alas, y es frecuente observarla mientras se desplaza a poca altura sobre el suelo siguiendo una línea en zigzag. Lo mismo que el halcón gerifalte, es muy resistente y prefiere capturar sus presas persiguiéndolas con tenacidad, por lo que una vez que determina el individuo al que va a atacar, no ceja en la persecución hasta completar el lance.

Aunque a veces anida en los árboles de los bosques de coníferas, prefiere los terrenos abiertos, y fuera de la época de cría es raro encontrarle en las proximidades de las áreas forestales. Su hábitat propio son los extensos campos abiertos de la taiga, en los pantanos fríos del norte y en las dunas costeras.

Tiene costumbres más migradoras que su pariente mayor, por lo que es frecuente encontrarlo en latitudes medias durante la época invernal, como sucede en la región mediterránea, a la que llegan los individuos que crían en el norte del continente europeo.

La reproducción y la situación actual

Los machos llegan varias semanas antes que las hembras a las áreas de cría, cuando todavía reina el invierno en la zona. Allí fijan el territorio y cuando llegan sus compañeras tiene lugar el cortejo, seguido de la cópula. Estos territorios suelen ser los mismos en años sucesivos, pero no recurren necesariamente a los mismos nidos, como hacen otras rapaces mayores.

El nido es sencillo y puede consistir en una simple depresión del suelo que forran con algo de vegetación, o bien el nido que hayan abandonado otras aves. También suelen depositar los huevos en una grieta o en el saliente de un roquedo.

A mediados de la primavera en las regiones más meridionales y a finales de la estación en las situadas en áreas más norteñas, la hembra pone a intervalos de un par de días entre 2 y 7 huevos, aunque lo más habitual es que sean 4. Son redondeados, algo ovalados, y su colorido puede ir del blanco al pardo, con numerosas manchas irregulares y pintas de colores muy diversos. La incubación se prolonga de 28 a 31 días, encargándose de ella la hembra, mientras que su compañero aporta el alimento necesario, que deja en las proximidades del nido, donde ella lo recoge más tarde. La eclosión tiene lugar también de manera escalonada, con lo que los polluelos de una misma nidada pueden presentar distintos grados de desarrollo.

Los jóvenes se desarrollan con rapidez y al cabo de 25 a 27 días están totalmente cubiertos de plumas y pueden emprender sus primeros vuelos. Desde ese momento se alojan en las proximidades del nido, aunque sus padres les siguen alimentando durante unas dos semanas más, que es cuando ya capturan las presas (inicialmente insectos) por sí mismos. No obstante, permanecen algún tiempo más en compañía de la hembra, y con menos frecuencia de ambos progenitores, hasta haber adquirido la suficiente destreza y poder iniciar su vida independiente. Esto sucede a la llegada del otoño, casi mes y medio después de haber realizado sus primeros vuelos. En ese momento los jóvenes inician el viaje errático que les llevará a nuevos territorios donde establecerse por sí mismos. Pero, a diferencia de lo que ocurre con el halcón gerifalte, la tasa de supervivencia entre los jóvenes esmerejones es muy alta y suele llegar a la edad adulta más de la mitad de los pollos nacidos de una misma nidada.

La especie no es excesivamente común en ningún lugar, pero cuenta con una amplia distribución y unas poblaciones estables, por lo que no goza de especial protección. Antaño se consideró que los esmerejones europeos y americanos pertenecían a especies distintas, pero en la actualidad los zoólogos han llegado a la conclusión que se trata en ambos casos de una misma especie. La variabilidad observable se debe a la existencia de numerosas subespecies, 7 de ellas en las poblaciones europeas y asiáticas y 4 en las americanas.

El área de distribución del esmerejón comprende todas las latitudes altas del hemisferio norte.

El blanco pariente de nuestros raposos

Aunque parecido al zorro común o zorro rojo de las regiones templadas del planeta, como se desprende de su nombre común, el **zorro ártico** o **zorro polar** (*Alopex lagopus*) pertenece a un género distinto. Es un hermoso carnívoro de 46 a 69 cm de longitud de cabeza y tronco, más 25 a 42 cm de la cola, con una altura en la cruz de unos 28 cm y un peso de 2,5 a 9 kg.

Su aspecto general es similar al del zorro común, aunque más compacto, de patas y cola más cortas y con las orejas pequeñas, de forma redondeada y recubiertas de pelo en su totalidad. También la planta de sus pies aparece cubierta de pelo, a diferencia de lo que sucede en los restantes cánidos, que además de aislarlas del frío actúa como una banda antideslizante, que permite al animal desplazarse con soltura y seguridad sobre la lisa superficie del hielo. El pelaje es en conjunto muy denso y tupido, por lo que proporciona un excelente aislamiento, que hace posible que este animal sobreviva

a los largos inviernos árticos desplazándose a menudo por la banquisa.

Su colorido es variable y se conocen dos fases principales. La fase blanca, que constituye la mayoría de la población, tiene un pelaje estival de color castaño o pardo rojizo y otro invernal totalmente blanco. La fase azul, que es minoritaria, presenta el pelaje estival de color azul grisáceo, y en invierno adquiere una tonalidad más clara. La presencia de unos u otros individuos es variable según las regiones; así, mientras que, por ejemplo, en el norte de Canadá la fase azul apenas supone un 1 % del total de individuos, en las áreas occidentales de Groenlandia esa cifra asciende hasta cerca del 50 %.

El zorro ártico es similar al común, pero su anatomía revela la adaptación al medio frío. Su cuerpo es más compacto, ofreciendo una menor superficie por la que perder calor, con las orejas pequeñas, y aparece recubierto de una densa capa de pelo que le hace parecer más grueso.

Las costumbres de un consumado oportunista

Los zorros son carnívoros dotados de una gran capacidad de adaptación, lo que hace que tengan en general hábitos oportunistas en función de los recursos tróficos disponibles.

En áreas tan escasas en estos recursos, el zorro ártico desarrolla al máximo esta cualidad e incluye en su dieta prácticamente cualquier cosa comestible que consiga, aunque con preferencia proteínas de origen animal. Así, dependiendo de la estación del año y del lugar de residencia, este pequeño cánido puede capturar pequeños roedores, sobre todo lemmings, aves terrestres, polluelos o insectos de cualquier tipo, pero no se limita a eso y visita las colonias de cría de las aves para intentar robarles los huevos, aprovecha cualquier carroña que encuentra, los peces que hayan quedado atrapados en las charcas costeras y, si está en la tundra florida en primavera, recurre a frutos, bayas y setas. No duda tampoco en acercarse a los asentamientos humanos en busca de algún alimento entre la basura o para intentar robar lo que encuentre a mano.

Este carácter le ha permitido sobrevivir en un medio tan hostil como la tundra o, incluso más difícil para un vertebrado terrestre, en la banquisa, donde comparte territorio con el oso blanco, al que con frecuencia sigue para sacar

provecho de los despojos que deja el enorme úrsido. Además, cuando abunda el alimento, algo que sucede durante cortos períodos al año, el zorro acumula reservas en su guarida y en las proximidades, enterrándolas bajo piedras o entre grietas de las rocas, donde el frío del suelo las conserva hasta que deba recurrir a ellas en la época de escasez.

Tiene costumbres más sociales y nómadas que sus parientes de latitudes inferiores, pues forma a menudo grupos numerosos que recorren la tundra en busca de comida, cubriendo de este modo una mayor superficie entre todos. En general, el grupo básico es la unidad familiar, que está formada por la pareja con la última camada y uno o dos jóvenes de la anterior, que no crían y que permanecen con sus padres, ayudándoles en la crianza y el cuidado de los pequeños.

Cada grupo familiar habita en el interior de una guarida que excava al pie de uno de los montículos de hasta 4 m de altura que jalonan de manera característica la tundra, y debajo de los cuales el permafrost aparece a mayor profundidad que en las zonas circundantes. Eso no sólo facilita la tarea de excavar

Como sus parientes de territorios más cálidos, los zorros árticos son consumados cazadores oportunistas, que si no encuentran presas, se alimentan también de frutos, setas y carroña.

en un duro suelo, sino que permite también que en el interior de la terrera la temperatura sea algo superior a la que reina en las zonas abiertas circundantes. Los cubiles los excava también al pie de los acantilados por esa misma razón. Además, es frecuente que sucesivas generaciones los vayan ocupando a lo largo de muchas décadas.

Cada guarida consta de una cámara principal, donde la hembra trae al mundo a las crías y donde permanecen hasta su primera salida, y un número variable de cámaras accesorias, unidas por una serie de túneles que comunican con varias salidas. Éstas se orientan en su mayor parte hacia el mediodía, poniente o saliente y sólo en raras ocasiones al norte. La superficie total ocupada por el conjunto de cámaras y galerías suele ser de unos 30 m^2, aunque en algunos casos se acerca a 100 m^2.

Los científicos que han estudiado el funcionamiento de la tundra como ecosistema han hecho algunas observaciones de gran interés relativas a la presencia del zorro ártico en determinadas regiones. Se ha podido constatar, gracias a los recuentos llevados a cabo por los botánicos, que la actividad excavadora, junto con los aportes orgánicos que producen las heces de estos animales, son un elemento fertilizador de enorme relevancia. Esa actividad desempeña en estas tierras septentrionales un papel muy importante, pues permite el desarrollo de especies vegetales que difícilmente hallan un lugar apropiado para germinar en terrenos casi siempre helados. Se ha demostrado que en las zonas cercanas a las terreras de estos zorros crecen varias especies de gramíneas, así como otras plantas superiores, que proporcionan un recurso alimentario importante para los fitófagos de la tundra.

Además del ser humano, que los persigue en algunos lugares por considerarlo perjudicial para sus intereses y en otros para obtener buenos beneficios económicos con sus pieles, los principales enemigos de estos cánidos son los osos y los glotones, entre los depredadores de tierra firme, y las águilas entre los cazadores alados, que pueden diezmar con facilidad las camadas.

Unos padres amantes

Los zorros árticos son monógamos y forman parejas que se mantienen unidas de por vida. Durante la primavera boreal tienen lugar las cópulas y, después de unos 51 a 57 días de gestación, las hembras dan a luz en el interior de sus cubiles a una abundante camada, formada en general por 4 a 11 crías, aunque en ocasiones pueden llegar a ser hasta más de 20.

La lactancia se prolonga de 2 a 4 semanas, coincidiendo el destete con la primera salida de los pequeños al exterior de la guarida. Durante todo ese tiempo el macho ha ido llevando el alimento a su compañera y después son ambos padres los que se encargan de cuidar y aportar comida a sus hijos, permaneciendo con ellos todo el tiempo que les dejan libres las tareas cinegéticas. Les atienden con gran solicitud y les inician mediante el juego en las habilidades que necesitarán más tarde para sobrevivir en este medio.

Los pequeños, que al nacer pesan unos 60 g, se desarrollan con gran rapidez y cuando cuentan sólo 10 meses, alcanzan la madurez sexual.

Pero la pareja no tarda mucho en tener que ocuparse de una nueva camada, pues poco después del nacimiento de la primera vuelven a aparearse, con lo que la hembra queda otra vez pre-

Las camadas del zorro ártico son abundantes y el nacimiento se produce cuando la cantidad de presas en la tundra es mayor. Su número varía en función de la cantidad de presas en la estación.

ñada para traer al mundo una segunda generación dentro de ese mismo año.

El número de crías por camada depende de los recursos alimenticios disponibles en la época, por lo que las fluctuaciones en las poblaciones de sus presas afectan de manera notable a la propia población de zorros árticos, con el lógico retraso que se produce en este tipo de relaciones de depredador-presa. Después de un año pródigo en lemmings o en otros roedores, las camadas son muy abundantes, para disminuir, a veces de manera drástica, en los años sucesivos.

En cautividad los zorros árticos pueden vivir hasta 14 años, pero en libertad su longevidad, en ese medio hostil, debe ser muy inferior.

Distribución del zorro ártico y su importancia para el hombre

El área de distribución del zorro ártico comprende todas las regiones árticas de Eurasia y Norteamérica, así como Islandia, Groenlandia y el conjunto de islas que se extienden entre ésta y el continente americano.

Pero hay algunas regiones donde su presencia es escasa, como en buena parte de Escandinavia, debido en este caso a la competencia con otros depredadores en expansión. También en Islandia su población ha disminuido al ser objeto de persecución por los granjeros que han introducido rebaños de ovejas y otros animales domésticos.

A pesar de la intensa persecución de los cazadores a sueldo, el zorro ártico ha logrado sobrevivir gracias a su vitalidad y astucia.

El zorro ártico comparte con sus parientes de latitudes medias la gran sagacidad que ha hecho famosa a esta especie. Es una excelente estrategia para la supervivencia durante el largo invierno boreal, cuando el alimento escasea.

El excelente aislamiento térmico que proporciona su pelaje, que resulta de gran belleza desde el punto de vista de los seres humanos, ha hecho que desde la antigüedad su captura con fines peleteros haya sido una actividad lucrativa que, por fortuna, está siendo regulada.

En algunos lugares existen granjas donde se crían zorros árticos con extremo cuidado, para evitar que su hermosa piel sufra algún daño y, más tarde, poder ejecutarlos cuando su pelaje alcanza el nivel de calidad deseado por los consumidores de la moda, que ven así recubiertos sus cuerpos con los despojos de un magnífico animal.

De este modo, un producto de la naturaleza que los millones de años de la evolución han ido cincelando para convertirlo en un medio óptimo para que un animal pueda sobrevivir en condiciones tan extremas como la banquisa ártica, pasa a engrosar la larga lista de caprichos de la naturaleza humana, que a tantas especies animales les ha costado la extinción. El cazador prehistórico que mataba animales para vestirse con sus pieles satisfacía una necesidad vital para su propia supervivencia, y su actividad era equiparable a la de cualquier otro depredador y, por tanto, no alteraba el equilibrio natural de estos ecosistemas.

La matanza de esos mismos animales en nuestros días para satisfacer el deseo de notoriedad de aquellos cuya máxima riqueza se reduce al poder económico, carece de sentido moral y constituye un factor muy perturbador para los ecosistemas naturales, transformando al *Homo sapiens* en un mero parásito de la naturaleza, pero sin desempeñar el papel, también beneficioso para la evolución, que estos organismos poseen en la misma.

Pero la gran vitalidad de la especie, su elevada fertilidad y su gran astucia han hecho que, por fortuna, a pesar de esta intensa persecución el conjunto de las poblaciones de zorros árticos se haya mantenido en líneas generales estable, con las excepciones que hemos señalado.

Un cazador temible

Aunque de medianas dimensiones, el **glotón** (*Gulo gulo*) es uno de los más temibles depredadores que recorren la tundra y que no se detiene ante presas que fácilmente superan su propio peso en más de 10 veces y que doblan su tamaño.

Se trata de un carnívoro perteneciente a los Mustélidos y uno de los representantes más grandes de esta interesante familia zoológica. Alcanza una longitud del cuerpo entre 65 y 100 cm, más 17 a 26 cm que corresponden a la cola, y un peso de 7 a 32 kg. Las hembras son algo más pequeñas y ligeras, pesando cerca de un 30 % menos que sus compañeros.

El aspecto del glotón es el de una marta de gran tamaño, que recuerda también en muchos aspectos a un oso, con una cabeza grande y orejas de forma redondeada y relativamente pequeñas, y una cola corta en proporción al cuerpo. Las patas son fuertes y macizas, están dotadas de una musculatura muy vigorosa, finalizan en dedos provistos de uñas férreas y la planta se ensancha, ofreciendo una gran superficie de sustentación, con lo que el animal puede desplazarse con facilidad sobre la nieve sin hundirse, sacando así ventaja a las presas de gran tamaño, como los alces. Posee, además, una potente dentadura. Los ojos son pequeños y su sentido de la vista bastante pobre, no así los del olfato y el oído, que son excelentes.

Tiene el cuerpo recubierto de un denso y largo pelaje, de color pardo rojizo a negruzco, con una zona más clara del mismo tono o amarillenta, que se extiende a lo largo de ambos costados y por la base de la cola, y que también aparece por la parte superior de la cabeza y alrededor de los ojos.

El glotón es uno de los mayores mustélidos y uno de los cazadores más feroces de cuantos habitan en la tundra, atacando presas que le superan ampliamente en tamaño.

Nada detiene a un glotón

Para su tamaño puede considerársele un animal muy agresivo y de considerable fuerza, que hace frente a cualquier enemigo y que se atreve con animales ante los que una jauría de lobos e incluso un oso dudarían antes de atacar.

Su dieta es prácticamente omnívora. Consume bayas, frutos, brotes, setas, insectos, huevos y toda clase de vertebrados, ya sean pequeños pájaros de hábitos terrestres, roedores, liebres árticas o grandes presas del tamaño de un reno o, incluso, un alce.

A pesar de su tamaño y de su aspecto voluminoso, es muy ágil y a la carrera puede alcanzar con facilidad velocidades cercanas a los 50 km/h. Además, está dotado de una gran resistencia y puede hacer persecuciones de hasta 15 km manteniendo un trote ligero a velocidad constante. Se mueve fundamentalmente por el suelo, pero sabe trepar muy bien y es frecuente que suba hasta una rama gruesa de un árbol arrastrando la presa que acaba de capturar, para consumirla allí arriba. Por otra parte, es un excelente nadador que no duda en atravesar un lago o un río.

Se muestra activo principalmente durante la noche, aunque también se le puede ver durante el día, pero dadas sus costumbres reservadas, no existe todavía acuerdo unánime sobre si se le debe considerar animal diurno o nocturno, aunque es probable que sea una u otra cosa en función de las circunstancias. Su actividad se prolonga a lo largo de todo el año, sin ningún período de letargo, y parece que alterna períodos de descanso, de 3 o 4 horas con otros dedicados a la búsqueda del alimento.

En sus cacerías emplea fundamentalmente dos técnicas. A veces espera al acecho subido en un promontorio o en la rama de un árbol, hasta que la víctima pasa por su proximidad, momento en que se lanza sobre su dorso y mordiéndola en el cuello y con ayuda de sus fuertes patas, la derriba y remata en el suelo. En otras ocasiones recurre al rececho, aproximándose con gran cuidado a un rebaño y esperando inmóvil para hacer el siguiente movimiento todo el tiempo necesario para no ser descubierto. Sólo cuando tiene a la presa a su alcance se lanza en una rápida carrera para abatirla.

Es de costumbres solitarias y territoriales, y no permite la entrada a sus feudos a congéneres del mismo sexo. Los límites del feudo los señala mediante la orina y con las secreciones de sus glándulas anales. Las hembras se vuelven especialmente agresivas cuando están con sus crías, y no permiten la entrada de intrusos hasta que los jóvenes se emancipan. El área habitada por un individuo puede ser de varios cientos de kilómetros cuadrados, dependiendo de la densidad de presas, pero dentro de ella delimita el territorio propio, más reducido y que defiende con energía.

Además de la tundra, los glotones también habitan en muchas áreas de la taiga, tanto en la masa de las coníferas como en los bosquetes de planifolios, así como en zonas húmedas y en las regiones de montaña, en las que ascienden hasta la zona de las nieves perpetuas. En esos otros hábitats suelen refugiarse en el interior de cuevas, debajo de un árbol o en encames preparados con ramas y hojas.

La reproducción

El instinto reproductor se despierta en este temible cazador cuando la primavera ya ha avanzado un buen trecho, y se prologa hasta casi finales del verano. Machos y hembras acuden entonces en busca de pareja y tienen lugar los apareamientos. Pero los emparejamientos son de muy breve duración, pues poco después de la cópula, ambos se separan y continúan viviendo aparte, reuniéndose con otros individuos de sexo contrario en varias ocasiones para aparearse a lo largo de toda la temporada reproductora.

Las hembras tienen un único estro al año (son monoestras) y se reproducen cada dos años. La ovulación se desencadena, al parecer, con la cópula, pero después se produce un retraso en la implantación, al igual que en muchas

otras especies de mamíferos de las regiones frías, que supone una demora de entre 5 y 6 meses en la continuación de la gestación. Así, las crías nacen en la época más adecuada para su supervivencia.

Una vez implantado el óvulo y reiniciado el proceso, la gestación es muy breve, pues dura entre 30 y 50 días, aunque no se sabe con certeza esa duración. Los nacimientos tienen lugar desde comienzos del invierno hasta mediados de la primavera.

Cuando se aproxima el momento del parto, la hembra que vive en la tundra excava en la nieve una guarida, donde dará a luz a las crías. La camada puede ser de 1 a 6 pequeños y es frecuente que procedan de distintos padres como consecuencia de los diferentes aparea-

El glotón tiene costumbres reservadas y se mantiene activo principalmente durante la noche. Ocupa un territorio que marca con señales olfatorias y que defiende frente a los intrusos.

Los glotones, de hábitos solitarios, sólo se encuentran durante la época de la reproducción, y después de la cópula vuelven a separarse. Las hembras en general se aparean con varios machos, por lo que las crías de una camada suelen proceder de distintos padres.

mientos que puede haber tenido la hembra y a que todos los óvulos comienzan su desarrollo a un mismo tiempo.

Los pequeños nacen ciegos y la madre los amamanta durante 8 a 10 semanas, alimentándolos después con carne. Las hembras juegan con frecuencia con los pequeños, lo mismo que éstos entre sí. Su desarrollo es rápido y, cuando llega el otoño, están en condiciones de valerse por sí mismos, por lo que la familia se disgrega. Los jóvenes alcanzan el tamaño de los adultos al año y logran la madurez sexual a los 2 o 3 años.

La longevidad de la especie es de hasta 17 años en cautividad, aunque probablemente sea la mitad en la naturaleza.

Pasado y presente de los glotones

El área de distribución natural del glotón es muy amplia debido a la gran variedad de hábitats que es capaz de ocupar, por lo que se extiende por gran parte de las regiones templadas y frías del hemisferio norte.

Pero la situación actual de la especie ha dado lugar a que sea clasificada como amenazada. Varias son las razones que han conducido a esta lamentable circunstancia. Por un lado está la caza con fines peleteros, aunque es una actividad que ha declinado mucho en los últimos años debido a los caprichos de la moda y de la industria, que han dejado de interesarse por esta especie, algo que debe considerarse como positivo.

Por otro lado, en muchos lugares los glotones son objeto de una intensa persecución acusándoseles de atacar al ganado doméstico. A esto habría que añadir la progresiva destrucción de su hábitat que, como ha sucedido con otras muchas especies, les va relegando cada vez más a lugares más lejanos y a menudo con territorios separados entre sí por grandes obstáculos.

El glotón sobrevive en las regiones septentrionales de Norteamérica, habiendo desaparecido prácticamente de Estados Unidos. En Europa la situación no es mejor, pues sólo se le encuentra con regularidad en Escandinavia. A partir de Rusia sus poblaciones van aumentando, contando en Siberia con las que se hallan en mejor estado de conservación.

Un paraíso para las aves

Así como durante gran parte del año la tundra es un auténtico infierno para muchos de sus pobladores, a pesar de las extraordinarias adaptaciones que han logrado en el curso de la evolución y que les permiten sobrevivir a la larga temporada de penuria, el corto verano ártico constituye, por el contrario, un auténtico paraíso para otros pobladores. Se trata de las aves migradoras, habitantes temporales de la tundra, que encuentran en la explosión de vida que tiene lugar durante ese corto período unas condiciones óptimas para sacar adelante a su descendencia.

Cuando a finales de la primavera, el deshielo deja amplias áreas de la tundra convertidas en someros aguazales, los insectos, entre ellos las moscas y los mosquitos, aprovechan estos días para completar su desarrollo. Con gran

La breve temporada estival de la tundra produce una gran cantidad de alimento en forma de frutos y semillas, que facilita la nutrición para las aves que pueden acudir a ella.

rapidez se suceden las diferentes fases del ciclo vital de estos pequeños seres, por las que el huevo se convierte primero en larva y ésta, con un mayor o menor número de metamorfosis, adquiere después el aspecto de adulto y en breve tiempo se reproduce, antes de que las condiciones climatológicas vuelvan a hacer imposible la existencia de estos diminutos invertebrados.

Esta masiva presencia de insectos, que llegan a formar verdaderas nubes visibles, supone una fuente de nutrición casi inagotable para las aves insectívoras. Pero no sólo ellas encuentran aquí alimento. Las aves granívoras o fitófagas en general, se aprovechan también del rápido ciclo vegetativo, que hace madurar en poco tiempo las pequeñas plantas que han nacido pocas semanas antes.

Este factor de una amplia disponibilidad de alimento es muy importante para las aves que deben criar durante este tiempo a sus polluelos, pero no es el único. Otro factor notable es la larga duración de los días, que en las áreas más septentrionales se prolonga durante el solsticio casi durante 24 horas. Esta gran cantidad de luz disponible influye de manera muy positiva sobre el sistema hormonal de las aves, acelerando sus procesos metabólicos y permitiéndoles sacar el máximo rendimiento de la jornada.

Un último factor, también relevante, es el relativo aislamiento de las colonias de cría, que se ven lejos de las presiones de todo tipo a que están expuestas en sus áreas de invernada. Cierto es que numerosos depredadores terrestres acuden durante esta época a sus colonias y que se hacen con un cierto número de ejemplares y que muchas rapaces que les acompañan en

su viaje también se cobran un tributo, pero son porcentajes muy inferiores a los que tendrían que pagar si la crianza se llevara a cabo en tierras más cálidas, por lo que el balance final resulta positivo.

Una buena parte de la ornitofauna de las regiones templadas del hemisferio septentrional y muchas aves que pasan el invierno en países cálidos de latitudes bajas, crían en la amplia extensión de la tundra.

Son numerosas las especies que acuden a estas tierras todos los años para reproducirse. Además de las aves marinas que anidan en las costas, y cuyo estudio queda reservado para el momento de visitar los ecosistemas costeros, veremos ahora algunas de las especies más representativas que pueblan el verano de la tundra. Se las puede reunir en cuatro grupos principales, que son las aves acuáticas, las zancudas, las limícolas y los pájaros.

Las aves acuáticas

Se incluyen en este epígrafe varios grupos de aves que frecuentan las aguas interiores, aunque también pueden encontrarse muchas veces en las zonas marinas cercanas a la costa. Comprenden grupos muy conocidos, algunos de ellos importantes también para la economía humana, como los cisnes, los patos, los ánades, los gansos, los porrones, las serretas y los somormujos.

El deshielo de la capa superficial del suelo provoca la aparición de numerosas tablas de agua, lo que atrae a un gran número de aves acuáticas, que encuentran un alimento abundante.

Todos son buenos nadadores y muchos de ellos, además, excelentes buceadores. Sus dimensiones son medianas o grandes, se caracterizan la mayor parte por el pico aplanado y provisto de laminillas y por las patas aplanadas, con los dedos unidos mediante una membrana. Su dieta es vegetariana. Es frecuente el dimorfismo sexual.

Una especie muy característica de la tundra en esta época es la **barnacla canadiense** (*Branta canadensis*), descrita en otros biomas. Muy parecida a ella es la **barnacla carinegra** (*Barnacla bernicla*) un ganso de 1 a 3 kg de peso, de 56 a 61 cm de longitud y con una envergadura alar de 120 a 143 cm. Es de color pardo grisáceo por el dorso, ocre por el vientre, que se aclara a medida que asciende hacia el pecho, o bien negruzco, mientras que la parte posterior hasta la cola es blanca. El cuello y la cabeza son negros, con una pequeña mancha blanca a ambos lados del cuello.

Se alimenta de una gran variedad de hierbas, granos y plantas acuáticas. Estas barnaclas son gregarias y rara vez se encuentran solas. Están dotadas de muy buena vista y un excelente oído y se comunican entre sí con frecuentes graznidos. Cuando vuelan, lo hacen en una formación en «V» característica.

Las hembras ponen en un nido muy sencillo de 2 a 9 huevos, que incuban durante 25 a 28 días. Los lugares de cría preferidos son cenagales y lagunas someras. Crían en las áreas septentrionales de Norteamérica y en otoño se desplazan hasta regiones más meridionales, llegando algunas poblaciones también a Europa, desde Escandinavia hasta la península Ibérica, aunque de modo más o menos accidental y en cantidades variables los distintos años.

Otros gansos propios de la tundra son los ánsares, como el **ánsar careto grande** (*Anser albifrons*), de unos 71 cm de longitud. Tiene el plumaje de color pardo, algo más oscuro por el dorso, barreado en oscuro, y con el vientre cruzado de anchas franjas negras. El cuello es color chocolate y la frente blanca. El pico y las patas son anaranjados. Vive en parejas o formando grupos pequeños. Anida en las zonas costeras de la tundra ártica y emigra en invierno a las regiones templadas de Eurasia, llegando hasta la península Ibérica.

Parecido al anterior es el **ánsar careto chico** (*Anser erythropus*), de unos 61 cm de longitud y de plumaje algo más oscuro, a veces casi gris negruzco.

A la tundra va con frecuencia a criar el **ánade silbón** (*Anas penelope*), de unos 46 cm de longitud y 81 cm de envergadura. El plumaje del macho es gris en la parte superior y blanco en la inferior, con el cuello y la parte superior del pecho anaranjados y la cabeza pardorrojiza, con la frente amarillenta. En la hembra predominan los pardos en la parte superior y el blanco en el vientre.

La **cerceta común** (*Anas crecca*) es un pato de unos 36 cm de longitud y una envergadura de 61 cm. El plumaje es de color pardo grisáceo, que en los machos se completa con una línea blanca en las alas y la cabeza pardorrojiza, con una franja verdosa a lo largo de los ojos. Vuela a gran velocidad formando bandadas muy compactas. Además de en la tundra, cría en otros muchos medios de Europa septentrional y oriental, prolongando el área de anidación por el interior de Asia.

La mayor parte de la población de ánade silbón cría en la tundra. El nido es una somera depresión forrada de hierbas, plumón y hojas, situada en las cercanías de charcas.

La grulla siberiana blanca es una especie en grave peligro de extinción. Durante la época de la reproducción lleva a cabo unas espectaculares danzas, con grandes saltos.

El **porrón bastardo** (*Aythya marila*) es un pato buceador de unos 46 cm de longitud y una envergadura de 79 cm. El macho tiene el dorso y la parte superior de las alas grises, los costados y el vientre blancos, la cola parda oscura, y el pecho, el cuello y la cabeza negros, con una mancha verdosa en las mejillas, mientras que la hembra es de tonalidad parda, con una mancha blanca en la base del pico.

La **serreta chica** (*Mergus albellus*) es otro pato buceador que se alimenta de peces. El plumaje del macho es blanco, con un par de líneas negras cortas que separan el pecho del dorso y otra más gruesa que recorre la parte superior de éste. La hembra es gris, con el dorso más oscuro y la cabeza blanca, con un capirote pardo oscuro. El pico es más corto y grueso que el de otras serretas.

Las zancudas

Reciben este nombre aves de gran tamaño caracterizadas por la gran longitud de sus patas. Tienen mayoritariamente un pico largo y afilado y en el plumaje predominan los tonos claros, siendo muchas de ellas blancas.

La longitud de las patas les permite desplazarse con seguridad por aguas someras, donde encuentran su alimento, que puede ser muy variado, desde exclusivamente peces en algunas a una dieta omnívora en otras. Se incluyen en este grupo los flamencos, las garzas y las cigüeñas, pero consideraremos para la tundra sólo las grullas.

La **grulla común** (*Grus grus*), que se describe ampliamente cuando se habla de las grandes pobladoras de las estepas eurasiáticas, anida en muchas tierras septentrionales eurasiáticas.

Pariente suya es la **grulla siberiana blanca** (*Grus leucogeranus*), de 118 a 120 cm de longitud y unos 210 cm de envergadura alar. Se diferencia de la grulla común por su plumaje, casi enteramente blanco, con las primarias negras, y la cara de color rojo. Vuela en formación en «V» y durante la época reproductora lleva a cabo espectaculares danzas, con saltos y frecuentes reclamos atrompetados. Pero se trata de una especie clasificada en grave peligro de extinción, pues cuenta con poblaciones muy reducidas, que crían en áreas de la tundra siberiana. No obstante, parece que estas poblaciones se mantienen estables, aunque su reducido número constituye un enorme riesgo de que, ante cualquier incidencia, la pérdida de algunos ejemplares suponga descender por debajo del límite que hace casi imposible la recuperación.

El archibebe común es un limícola que nada muy bien. Vive solitario o formando bandadas, a menudo de muchos ejemplares, donde se mezcla con otras especies.

Las limícolas

Es un amplio grupo de formas biológicas del mundo de las aves que se caracterizan por su tipo de alimentación, consistente en el filtrado de limos para extraer de él partículas de materia orgánica o diminutos organismos.

Son medianas o pequeñas, tienen patas de mediana longitud y el pico en general largo, con el plumaje en la mayoría de las especies de tonalidades pardas por el dorso y blanco por el vientre.

Común en la tundra durante la cría, aunque también anida en latitudes más bajas, es el **chorlitejo grande** (*Charadrius hiaticula*), de unos 18 cm de longitud. El dorso y la cola son pardos y las partes inferiores blancas, aunque los machos llevan una franja negra ancha a la altura del cuello. La cabeza es también parda, con una franja oscura a lo largo de los ojos, que en los machos es negra. Vuela a baja altura, con un rápido batir de alas. Fuera de la época de cría suele formar pequeños bandos.

La **agachadiza chica** (*Lymnocryptes minimus*) mide 20 cm de longitud. Es de plumaje pardo con pintas más oscuras y el vientre blanquecino. A ambos lados de la cabeza presenta una línea horizontal oscura, y otra también oscura que va del ojo a la base del pico, que es muy largo y delgado. Tiene las patas grises. Es muy silenciosa y, cuando se levanta del suelo, realiza un corto vuelo hasta posarse de nuevo.

El **archibebe común** (*Tringa totanus*), frecuente como invernante o incluso residente en la región mediterránea, cría en zonas pantanosas de la tundra. Mide unos 28 cm de longitud. Tiene el plumaje pardo, manchado con pintas oscuras, con la parte final del dorso y del vientre blanquecina y un capirote castaño en la cabeza. El largo pico, lo mismo que las patas, son rojos. Fuera de la época de cría forma bandos.

El **correlimos común** (*Calidris alpina*) mide unos 18 cm de longitud. El plumaje es pardo con pintas oscuras, presenta una tonalidad pardorrojiza por el dorso y el vientre es negro. El delgado pico y las patas tienen color gris oscuro. Anida en las zonas costeras de la tundra y es frecuente como invernante en las áreas costeras de Europa occidental y de la región mediterránea.

El **chorlito gris** (*Pluvialis squatarola*) mide 28 cm de longitud. Tiene la parte superior de la cabeza, del dorso y de las alas de color pardo grisáceo con pintas blancas. El resto del cuerpo es blanquecino en invierno y negro, salvo la zona terminal del vientre, durante el verano. Tanto el pico como las patas son de color gris oscuro. Tiene costumbres solitarias o forma pequeños grupos. Cría en las regiones septentrionales de la tundra en Rusia y Siberia y pasa el invierno a lo largo de las costas occidentales europeas y de la región mediterránea.

El **falaropo picofino** (*Phalaropus lobatus*) mide unos 16 cm de longitud. El cuello y el dorso son pardos, la parte superior de las alas castaña y el pecho y el vientre blancos, con la cabeza oscura en su parte superior y blanca en la garganta, con una franja rojiza que la separa del resto y que desaparece en invierno. Las patas son muy largas y el pico muy fino. Es poco común y anida junto a los lagos de la tundra. Suele vivir solo o en pequeñas bandas.

La alondra cornuda elige para anidar las zonas secas de la tundra, donde aprovecha una ligera depresión del terreno, que forra con algo de hierba y otros materiales, para hacer la puesta. Como las restantes alondras, es de hábitos bastante terrestres.

Los pájaros

Aquí se engloba un único orden, el de las Paseriformes, el más rico en especies de la clase de las Aves. Son de dimensiones pequeñas, con el pico más o menos afilado y una gran variedad de colores en su plumaje. Son también los que mejor cantan y en su mayoría son terrestres. La dieta es muy variada, desde vegetarianos a cazadores, pasando por diversos grados de omnivorismo.

A pesar de sus reducidas dimensiones, muchos llevan a cabo todos los años largas migraciones en las que recorren miles de kilómetros, formando enormes bandadas. Muchos de los pájaros comunes en latitudes medias del hemisferio norte buscan en el breve verano ártico la oportunidad de sacar adelante a sus crías en el menor tiempo posible.

Pero en algunas zonas, como resulta notable en el caso de Italia, aunque se siga también a menor escala en otras áreas de la región mediterránea, existe la costumbre de darles caza con todo tipo de medios (muchos de ellos ilegales) cuando cruzan por sus territorios en el curso de estos viajes agotadores. Esta práctica cuesta la vida cada año a millones de ejemplares, hasta el punto que algunas especies están gravemente amenazadas. Se trata de una actividad irracional y carente de sentido, pues muchos de esos pequeños pájaros sólo se emplean para consumirlos fritos como aperitivo, por lo que no constituyen ningún elemento imprescindible de la dieta humana. Los efectos sobre la ornitofauna son muy graves y provocan un notable desequilibrio en los ecosistemas afectados. A pesar de las campañas de las asociaciones defensoras de la naturaleza, quienes defienden costumbres tan crueles como éstas justificándolas en la tradición, continúan destruyendo en beneficio propio un bien común de la humanidad.

Numerosas **alondras**, como la **alondra común** (*Alauda arvensis*) crían en las latitudes inferiores de la tundra, así como en otras áreas. Una propia de este bioma es la **alondra cornuda** (*Eremophila alpestris*), que mide 16,5 cm de longitud y es de color pardo, con pintas más oscuras, por la parte superior del cuerpo y blanquecina por las inferiores, con un amplio collar negro alrededor del cuello y la cabeza amarillenta, donde destacan un antifaz negro alrededor de los ojos y el dibujo negro de la parte superior, rematado por dos pequeñas plumas negras que sobresalen a modo de pequeños cuernos y que han servido para darle el nombre común que recibe. Tiene un vuelo bajo y ondulante y durante el invierno suele asociarse a otras especies de pájaros formando pequeños bandos. Cría durante el verano boreal en las tundras secas.

Los **bisbitas** son pequeños pájaros del tamaño de un gorrión, con el cuerpo delgado, lo mismo que el pico, y de color pardo manchado por la parte superior del cuerpo y blanquecino por la inferior, con el pecho de color ocre, también manchado de pequeñas pintas más oscuras. La cola es relativamente larga. Acuden a criar a la tundra especies como el **bisbita común** (*Anthus pratensis*), de unos 16,5 cm de longitud, y el **bisbita arborícola** (*Anthus trivialis*), de 15 cm.

En las zonas de la tundra inferior, donde comienza la transición hacia la taiga y aparecen pequeños bosquetes de arbolillos, vive el **bisbita de pechoral** (*Anthus gustavi*), de unos 15 cm de longitud, muy difundido desde Rusia hacia el este por gran parte de Siberia. Muy similar es el **bisbita gorgirrojo** (*Anthus cervinus*), de 15 cm de longitud. Es bastante común en zonas de la tundra similares a las de la anterior especie, pero extiende sus territorios más hacia el norte. Su principal diferencia frente a otros bisbitas es la mancha de color rosado que presenta en la garganta.

Las **lavanderas** son pájaros muy característicos por su nerviosa forma de desplazarse por el suelo, con el cuerpo delgado y la larga cola. Pueden ser de color amarillo o blanco en la cabeza, pecho y vientre, con las partes superiores pardas o grises y manchas oscuras distribuidas por varias partes del cuerpo.

La **lavandera blanca común** (*Motacilla alba*), de unos 18 cm de longitud, es blanca y gris con una amplia mancha negra en la garganta. Muy común en campos abiertos de Europa occidental y meridional, así como en el Cercano Oriente, una parte de la población pasa el invierno en África y cría desde Europa central hasta el extremo septentrional de gran parte de Eurasia. Algo más pequeña es la **lavandera cetrina** (*Motacilla citreola*), con la cabeza, el pecho y el vientre amarillos. Cría en una zona limitada de la tundra húmeda del norte de Rusia.

También el grupo de los **cuervos** cuenta con representantes en la tundra. Una especie presente en toda Europa es la **urraca** (*Pica pica*), y también muy extendido es el **arrendajo común** (*Garrulus glandarius*). En muchas áreas de la tundra cría la **corneja cenicienta** (*Corvus conore cornix*), de unos 46 cm de longitud. Es una subespecie de la corneja negra, de la que se diferencia por el colorido grisáceo y negro de su plumaje.

El **acentor común** (*Prunella modularis*) mide unos 15 cm de longitud y es parecido a un gorrión, aunque con el pico mucho más fino y un tono pardo más rojizo por el dorso. Es residente en gran parte de Europa central y meridional, criando en Europa oriental y en Escandinavia, donde se le puede encontrar en toda la tundra de esta zona. Una parte de la población septentrional viaja en invierno al sur de Europa o continúa hacia el continente africano.

El bisbita común es de costumbres terrestres y se alimenta principalmente de insectos, pero también de gusanos y semillas. Cuando realiza sus migraciones entre las áreas de cría y las de invernada, vuela en bandos pequeños y poco compactos.

El colirrojo real tiene una amplia área de distribución, pues no sólo se le encuentra en la tundra, sino que ocupa casi la totalidad de Europa y Asia, siendo frecuente en las áreas arboladas.

En los bosques de gran parte de Europa central y occidental, así como en áreas del noroeste de la península Ibérica cría el **mosquitero musical** (*Phylloscopus trochilus*), de unos 11,5 cm de longitud, con la parte superior del cuerpo de color pardo oliváceo claro y la inferior blanquecina. El cuerpo es delgado y esbelto y el pico también fino. Es frecuente asimismo criando en toda la tundra eurasiática, desplazándose toda la población al continente africano y al sur de Asia para invernar. A menudo comparte hábitat con el **mosquitero común** (*Phylloscopus collybita*), prácticamente idéntico a él, pero que es uno de los primeros mosquiteros en llegar a sus áreas de cría. Una pequeña población de esta especie es residente en Europa occidental y meridional.

También podemos encontrar en las tundras eurasiáticas el **collirrojo real** (*Phoenicurus phoenicurus*) de unos 14 cm de longitud. El macho es muy llamativo, con la mitad anterior del dorso, la nuca y la parte superior de la cabeza grises, la mitad exterior de las alas parda y la cola roja. El vientre es blanco y el pecho anaranjado, mientras que los laterales de la cabeza y la garganta son negros. La hembra, en cambio, es parda por la parte superior del cuerpo y blanquecina por la inferior, de tono algo canela por el pecho. Además de en la tundra, cría en todo el resto del continente europeo y parte de la mitad septentrional de Asia, para emigrar en invierno a latitudes bajas.

Muchos de los zorzales europeos de las áreas centrales y meridionales del continente crían en la tundra. Son en general de color pardo por la parte superior del cuerpo, con el vientre blanquecino u ocre manchado de pintas oscuras. La cola, relativamente larga, es de color castaño, y tienen el pico fino. Entre los que buscan la tranquilidad de la tundra están el **zorzal alirrojo** (*Turdus iliacus*), de unos 20 cm de longitud, el **zorzal común** (*Turdus philomelos*), de 23 cm de longitud, y el **zorzal real** (*Turdus pilaris*), de unos 25 cm de longitud.

Asimismo, hace acto de presencia por estos paisajes el omnipresente **gorrión común** (*Passer domesticus*), tan frecuente en las ciudades. Otro tanto sucede con el **escribano palustre** (*Emberiza schoeniclus*), común en los cañaverales de gran parte de Europa y que cría en toda Escandinavia, Europa oriental y penetra hacia el interior de Asia. Su pariente, el **escribano cerillo** (*Emberiza citrinella*), común también en áreas abiertas de toda Europa, acude a la tundra para criar.

Más exclusivos de estas regiones septentrionales son el **escribano lapón** (*Calcarius lapponicus*), de unos 15 cm de longitud, que cría en el norte de Escandinavia y Rusia y va en invierno a algunas áreas abiertas al mar del Norte y del sur de Rusia, y el **escribano nival** (*Plectrophenax nivalis*), de 16,5 cm de longitud, que cría en las mismas áreas, pero pasa el invierno en una zona más amplia, desde Gran Bretaña hasta Asia central.

ÍNDICE ALFABÉTICO

G

H

J

K

L

M

N

O

P

Q

R

S

T

U

Y

Z